最新版

介護リーダーが困ったとき読む本

Kaigo-leader ga
komatta toki
yomu hon

三田村 薫

同文舘出版

はじめに

本書を手にとっていただき、ありがとうございます。介護・医療職専門コーチの三田村薫です。

介護現場でよく起こるスタッフ間の困り事について書かせていただいた前著は、おかげさまで増刷することができました。たくさんの方々に手に取っていただけたことに感謝するとともに、たくさんの方々が職場で起こるスタッフ同士のコミュニケーションでお困りなのだな、と痛感しました。

本書の内容は、私が在宅のケアマネジャーとして働いていた頃の、介護現場あるある事例がベースになっています。現場で働いていた頃を振り返ると、担当したケースの中でも、強烈に印象に残っているご利用者、ご家族がいらっしゃいます。介護現場で働くあなたなら、強烈に印象に残っているケースの一つや二つはあるのではないでしょうか。

たとえば、私は、俗にいう〝ゴミ屋敷〟と言われるケースを数件担当しました。在宅ケースのゴミ屋敷の事例の場合は、訪問するヘルパーさんたちが、近隣住民の方々から「何とかしろ！」と言って詰め寄られるといったことも、たびたびありました。または、独歩ができなくなってから一歩も外出されず、40年間入浴されていなかった独居の女性の方を施設入所まで支援したことや、家事のことをよくご存じない息子さんから、ヘルパーへの家事に対する要望が強くて、地域内の訪問介護事業所が全滅といったケースなど、介護現場ではさまざまなケースを担当してきました。

実際に、現場でさまざまなケースを担当していく中で、ご利用者やご家族とのコミュニケーションは、もちろん大切なのですが、それ以上に、スタッフ同士のコミュニケーションが大切なのだと痛感しました。スタッフ間のコミュニケーションがうまく円滑にいっているからこそ、ご利用者へ提供するサービスの質が保たれるのです。

介護の仕事は、物を扱っているわけではありません。ご利用者も人、ご家族も人、同僚も人、上司も人、すべてが人間関係です。一般的に、社会人の悩みのトップが「人間関係」と言われている時代で、介護職は業務のほとんどが「人間関係」です。ですから、「人間関係」で成り立っている介護現場は、悩みの多い職場と言えると思います。でも、反対に言うと、コミュニケーションが円滑にいくと、業務のほとんどがスムーズにいくとも言えます。

本書では、介護現場あるある事例を使って、スタッフとのコミュニケーションについての**解決策**をご紹介しています。そして、本書のタイトルにもある「介護リーダー」の定義をお伝えしますと、管理職やリーダーの役職があるから、「介護リーダー」というわけではなく、ご自分が何かを教えたり、指示や指導をする対象や後輩がいるという方は、「介護リーダー」だとお考えください。ですから、すべての介護従事者の方に「あるある」と頷いていただける内容になっています。そして、本書はリーダーシップというひとつの視点で展開されていますが、簡単に言うとコミュニケーション全体を扱っています。ですから、たとえば、スタッフや同僚のモチベーションを上げたり、パフォーマンスを上げるのにも、もちろん有効です。

あとは、日常で言うと、ご家庭での夫婦関係であったり、お子さんがいらっしゃる方は、お子さんの成長促進や学習促進にも、本書のベースになっているコーチング、NLP（神経言語プログラミング）は、非常に有効なので、さまざまな場面で相手を想像しながら、読み進めていってください。

プロローグ

ダメリーダーだった私が、介護の仕事を好きになり楽しい職場がつくれた理由

私がケアマネジャーとして介護業界に入ったのは、２００３年5月のことでした。その頃、私が思い描いていた「介護」に対するイメージは、「いつも感謝される仕事」や「人の役に立つ仕事」、「人を助ける仕事」というものでした。現場で働くあなただったらおわかりのように、実際にはどれもピッタリとは当てはまりません。まったく当てはまらないわけではありませんが、現実は私が思い描いていたイメージとはかけ離れたものでした。

そもそも、私がケアマネジャーになったのも、「いつか、独立して自分の会社を持ちたい」といった不純な動機でしたから、「3ヶ月くらい介護の現場で働いて独立する」という甘い考えで働きはじめたのです。そんな、不純な考えで働きはじめたものの、実際に現場でご利用者と接したり、一緒に頑張っている同僚といると、自分が働き出した不純な考えも忘れて、目の前の業務に無我夢中でした。ケアマネジャーなので、直接ご利用者へのサービス提供を行なうことはなかったのですが、日中は訪問介護サービスのスタッフと一緒にご利用者宅へ

訪問してモニタリングを行なったり、ご利用者の通院に同行して主治医の意見を伺ったりするので、書類を作成するのは夕方以降になってしまいます。

もともと、文章を書くといった作業をしたことがなかった私は、ものすごく時間がかかってしまい、帰宅するのは、深夜0時過ぎ、ひどいときには深夜2時にタクシーで帰宅するといったことをしていました。

今から思うと、業務フローがめちゃめちゃで時間管理ができていないだけなのですが、その頃は、「私は、こんなに仕事をしている」＝「仕事ができる」と思い込んでいました。仕事ができていると勘違いしている私は上司や同僚から、「三田村さん、よく働くね」「三田村さんがケアマネジャーだったら、何も心配することないわ」「三田村さんだったら任せられる」という言葉を、知らず知らずのうちに求めるようになっていました。業務フローがめちゃめちゃなだけで、無駄に長時間働く私に、同僚や上司は「頑張るね」は言ってくれても、「三田村さんだからできることだよ」とは言ってくれません。

今では理解できますが、当時の私は「こんなに頑張っているのに！」「こんなに会社のために働いているのに！」「会社は現場のことがわかっていない！」と、自分が納得する言葉がけがないことに不満が募り、文句ばかり言っていました。

そうすると、上司の言うことに耳を傾けるはずもなく、会社の方針なんて「だから何？」

とまったく無視し、自分のやりたいように仕事をしてきました。

それなりに仕事はするので、現場のヘルパーさんやご利用者からは認められ、うまくコミュニケーションがとれていたので、上司や会社の方針をまったく無視してもあまり表だって問題になるといったことはなかったのです。そこが、私の言動を助長させる要因にもなっていきました。

もともと、サラリーマン気質もなく上下関係がわかっていない私は、「上司って何？」と思っていたし、「ご利用者を獲得すれば文句ないんでしょう！」と言わんばかりに、というか実際に言っていました。そして会社が新しく導入するシステムが使いにくいとなれば、自分勝手に独自の方法で書類を作成するし、会社から提出を求められている書類を提出期限までに提出できないときも、「急きょ、ご利用者宅訪問になったので提出できません」と、平然と言う始末でした。

その頃の上司からすると、本当にやりにくい部下だったと思います。そんな勘違いが続いているなか、会社から人事異動の話が持ち上がりました。

「ここの地域は、利用者獲得数が少ないから、三田村さんにお願いしたい」と言われ、その言葉に、認められたい欲求が強かった私は、自宅からの通勤が近くなることを表向きの理由にして異動することを承諾しました。

異動となった地域は高齢者数が多く、介護保険サービスの需要が見込める地域だったにもかかわらず、ご利用者が獲得できず、利益が出ていませんでした。私は、介護の世界は「福祉の精神」はもちろん大事だけれど、事業として継続するためには利益も大事だと思っています。ボランティアではサービスの質が望めず、その結果、ご利用者の不利益につながるからです。

異動した事務所は、給料を増やしたいヘルパー同士でご利用者を取り合うといったことや、ケアマネジャーに気に入られようとお菓子という貢物を持ってくるスタッフがいるなど、ご利用者本位の介護サービスのはずなのに、何か違うベクトルで進んでいるような環境でした。

そんな事務所でのミーティングでは、本社からの連絡事項や、「○○さんがいつ退院です」とか、「今月の目標ご利用者獲得数まで○○人です」などと話し合われるわけですが、そこでの社員ヘルパーの発言が「ご利用者を獲得しろと言われても、営業しても集まらないんだから仕方がないじゃないですか」とか、「大通り沿いに大手の訪問介護事業所があるから、みんな取られちゃうんですよ」、「会社は現場のことをわかってないんですよ」など、どこかで聞いたことがあるような……、「あっ！　私と同じことを言っている」と感じ、このときの衝撃は小さくありませんでした。

ミーティング中に出てくる、言い訳ともとれる、うまくいかないことへの文句ばかりに、

「今、うまくいっていないのであれば何かを変えるべきで、今までと同じことを繰り返していては結果も同じじゃないの？」と発言していました。当然、ミーティングに参加していたヘルパーやケアマネジャーの反応は、シラーッとしたもので、「異動してきたばかりで、何を言ってるの！」「ここの事務所が変わるわけないじゃないの！」「できるんなら、とっくにやってるわよ！」というものでした。

自分自身がうまくいかないことへの文句や言い訳を言っているときは意識していなかったのですが、他人が同じことをしていると、客観的に見ることができたのだと思います。ここから、私のリーダーとしての奮闘がはじまりました。

仕事が自分の思い通りになっていないときは楽しくないのは当然です。そこで本書では、コーチングやＮＬＰ（神経言語プログラミング）、心理学をベースに介護リーダーの悩みを解決する６つの事例と解決策でわかりやすく解説しています。文章を読むことが苦手な方でも、自分に合った事例から読めるようになっています。

「リーダーはスタッフを幸せにする義務がある」などとは言いません。リーダーであるあなたが、まず幸せになってください。幸せなリーダーだけが、スタッフを幸せにすることができます。だからこそ、まずリーダーであるあなたが幸せになることです。

私の経験を踏まえて、仕事が好きになり楽しくなるコツを惜しみなく書いています。

ぜひ、楽しみながら読み進めてください。

三田村薫

「最新版　介護リーダーが困ったとき読む本」
～スタッフ間のコミュニケーションを改善すると仕事が楽しくなる～

もくじ

2章 役割 介護リーダーって何をするの?

3章 指示・指導 ベテランのスタッフに指示・指導ができないのはなぜ？

4章 スタッフ教育 やる気のないスタッフ、指示待ちのスタッフの対処法がわからない

5章 情報共有 たくさんある情報をスタッフ間で共有できないのは、なぜ?

カバーデザイン・春日井恵実

1章

介護リーダーが知っておくべき6つのステップ

1 介護リーダーが持つ課題を事例をもとに6つのステップで解説

私が介護リーダーを対象に研修をしていてわかったことがあります。それは、介護リーダーが役職に就いてから出てくる課題にはステップがあることです。それは、**①役割**→**②指示・指導**→**③スタッフ教育**→**④情報共有**→**⑤問題解決力**→**⑥リーダーシップ**の順に課題や問題が発生します。

①役割 介護リーダーは何をするのか？

「あなたは、介護リーダーの役割を明確に答えることができますか？」――これは、私が介護リーダー研修で最初にたずねる質問です。この質問をすると、みんな考え込んでしまったり、眉間にしわを寄せてうつむいたりします。

現状では、介護リーダーの役割を知らないまま、何をするのかを理解しないまま、介護リーダーに就いた方が多いのではないでしょうか。介護リーダーに抜擢された時点で、自分が介護リーダーに向いている、と自信を持って言いきれる人はなかなかいません。そして、介護リーダーになったとたん、今までのよさが失われたり、必要以上にスタッフに気を遣い過ぎて自分の個性をなくす人が多いようです。

介護リーダーが、自分の役割を理解しないまま、リーダーに就いてしまうには、介護リーダー特有の理由があります。なぜ、介護リーダーの役割がわからないままなのか、本書の2章で事例をもとに解説します。

②指示・指導　ベテランのスタッフに指示・指導ができないのは、なぜ？

誰にでも苦手な人はいます。一スタッフであれば、苦手な人とあまり接しなければよかったかもしれませんが、リーダーになったらそうはいきません。チームケアの必要性や重要性は、リーダーのみなさんだったらよく理解されていることと思います。でも、実際にはどうでしょうか。上下関係に微妙なこだわりがあったり、感情的な問題で「報・連・相」がうまくいかず、情報を共有できない、その結果、ご利用者の不利益につながるといったことはないでしょうか。

チームケアは大事だとわかっていても、お互いに歩み寄って、意見の違いを認め合い、それを実践するということは簡単ではないようです。それを阻む大きな要因に、自分にとって苦手なスタッフの存在が大きく影響しているということはないでしょうか。相手を苦手に感じるには、少なからず何らかの理由があることは間違いありません。自分よりも年上のスタッフや、「ご利用者が喜ばれるから」という殺し文句を武器に、やりたい放題のスタッフへの対処法を、本書の3章で実際に私が体験した事例をもとに解説します。

③スタッフ教育　やる気のないスタッフ、指示待ちのスタッフへの対処法がわからない

リーダーであるみなさんならおわかりのように、介護に携わるスタッフはさまざまな職歴や年齢の方がいます。高校卒業後、専門学校で介護福祉士の勉強をしてから入社した人や、大企業の役職に就いていたもののリストラにあってハローワークで公共職業訓練を受けて介護職になった人、家事の合間に仕事ができたらいいという、専業主婦から介護職になった人や、介護保険がはじまる前の措置制度の頃から介護職をしていた人など、さまざまな職歴や年齢の方が混在しています。ということは、さまざまな価値観が存在しているということでもあります。

そして、ご利用者の生活に携わる介護職は、ご利用者の価値観も理解する必要があります。他者や自分の価値観を理解せずにスタッフ教育はできません。本書の4章では、なぜ、指示がないと動けないスタッフになってしまうのか、みえみえの嘘をつくスタッフがいるのかを事例をもとに解説します。

④情報共有 たくさんある情報をスタッフ間で共有できないのはなぜ?

介護現場では、さまざまな情報を取り扱います。しかも、その情報は日々変わっていくものばかりです。

ご利用者の心身の状態や入退院の記録、通院日時、介護サービスの有無、介護サービス記録、介護計画書、服薬の変更、食事形態など、列挙するとキリがありません。しかも、その多岐にわたる情報は、個人情報保護法により他者の目に触れる所には掲示できない決まりになっています。

日々、変化していく情報を目につく所ではなく、目につかない所で管理しなければなりません。すると、よけいに情報共有が難しくなります。しかし、情報共有することでチームケアが成り立ち、ご利用者の※QOLの向上につながることは、みなさんはおわかりだと思います。

本書の5章では、情報共有するには何が必要なのか。「報連相」で、相手の言ったことを繰り返して確認しても意味がないのはなぜなのか、をくわしく解説しています。

(※QOL⇒生活の質。人間らしく満足して生活しているかを評価する概念)

⑤問題解決力　業務時間内で仕事が終わらない、休みがとれないのはなぜ?

介護現場では、１人に役割や責任が集中しているケースをよく見かけます。

この場合、たしかに介護リーダーだけが権限を持っているとそこに情報が集まり、介護リーダーが適切に判断することで、目の前のリスクを回避しやすくなります。

しかしこれでは、スタッフは自分で考えたり、動こうとしなくなり、介護リーダー自らが、指示待ち型のスタッフを養成していることになります。

問題解決力を身につけるためには、その問題について「考える」必要があります。当たり前のことのようですが、この問題について「考える」ことをあなたはしているでしょうか?

また、スタッフに考える機会を与えていますか? 問題や課題にとらわれていると、「人がいない」「時間がない」「業務が山積している」「スタッフ同士の仲が悪い」と、問題や課題のことにしか目が向けられなくなります。

そうではなく、その問題や課題をどう解決したらいいのか、どうなるのが理想なのかを考える、つまり自分に問題や課題が降りかかったとき、「考える」プロセスが重要なのです。

⑥リーダーシップ　介護リーダーに必要なリーダーシップがわからない

介護リーダーに抜擢されて２~３年は、目の前の業務をこなすこと、新しい業務を覚えることだけで精一杯です。そして、業務にも慣れてスタッフの指導・育成も少し落ち着いてきた頃に出てくるのが、「介護リーダーに必要なリーダーシップがわからない」という課題です。

本書を読まれている方の中には、率先してリーダーになったわけではなく、リーダー職に就いてからも、「私はリーダーっていうタイプではないし……」という人もいるでしょうし、「リーダーになんてなりたくなかった」という人がいるかも知れません。

一般的に、リーダーとして身につけるべき能力として、「統率力」「判断力」「決断力」「実行力」などが挙げられますが、必ず必要かと言われれば、介護リーダーに関してはさほど必要ないと私は思います。私は、介護リーダーはチームのメンバーをグイグイ引っ張っていかないとダメだとか、統率力がないとダメとは思いません。

リーダーというのは、「リーダーがいると、チームが元気になるね」とか、「リーダーがいるとチームがよみがえるね」とか、「リーダーがいると、チームのメンバーがよく話し合うようになるね」と言われる存在だと考えます。

「そんなことで大丈夫なのか?」と思われた方もいると思いますが、そんなことが大事なのです。そんなことができていないのです。なぜ大事なのか、なぜできていないのかは7章で解説します。

2 どうしたら解決できるかを、事例と解決策で今日から現場で実践できる！

本書のテーマは、介護リーダーが困ったときにどうやって解決したらいいのか、ということです。次章以降で、事例と解決策でわかりやすく解説していますが、まず具体的な方法についてお話しする前に、私たちがふだんとっているコミュニケーションの構造について解説したいと思います。

私たちが他者とコミュニケーションをとるとき、主に言葉を介して行なっていますが、「どのような表現を使えば人に伝わるのか」「どう言ったら、あの人は動いてくれるのか」ということは、コミュニケーションの構造を理解している人だけがわかると言えます。

私は、介護職を対象にコーチングの研修講師をしています。コーチングを説明するときに、コーチングは自分が持っている課題や問題を自分で考える主体的なコミュニケーションですと伝えることがあります。自分で考える際に「質問」を使って考えていくわけですが、「質問」には、自分の思い込みを外す、視野を広げる、意欲を高める、自分ではまだ気づいていないことに気づける、可能性を広げるなど、計り知れないパワーがあります。ぜひ、本書を読ま

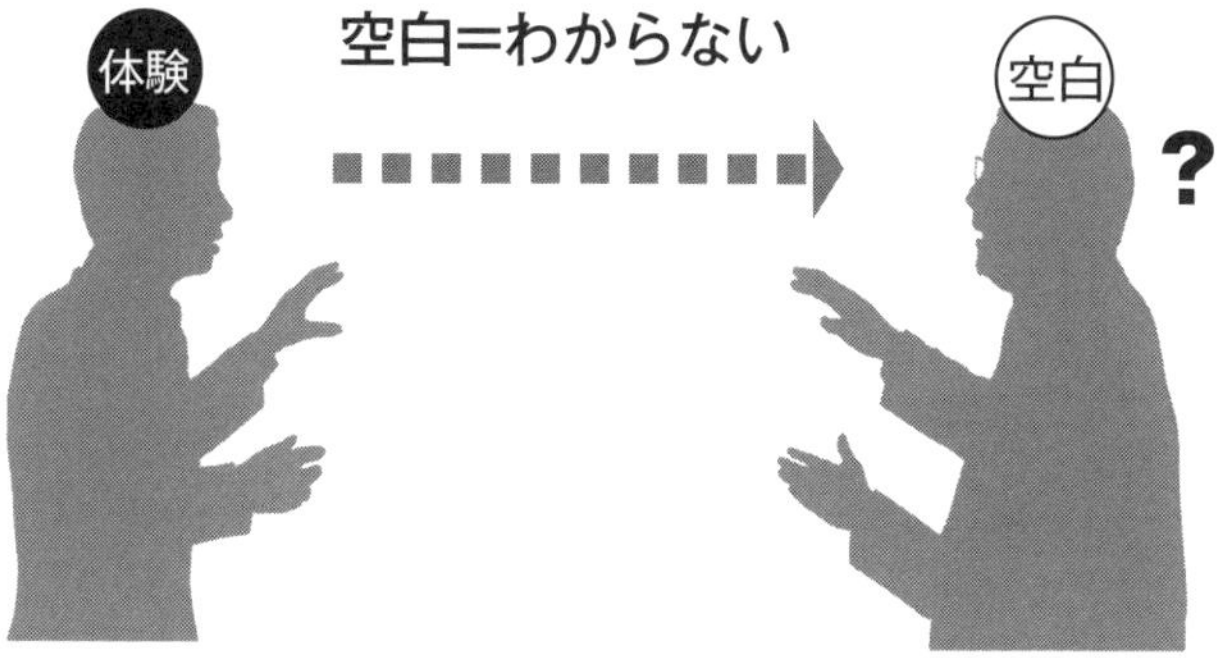
体験
空白=わからない
空白
?
話し手は、言葉を使って自分の体験を聞き手に伝える
聞き手は、話し手の言っていることが理解できないと、わからないという空白ができる

れている介護リーダーのあなたにも、本文中に「質問」を用意しましたので、答えを考えながら読み進めてください。

人は質問されて、その質問の答えがわからないと、わからないという空白ができます。「空白」とは、「わからない」状態のことを言います。脳は、空白ができると危険だと察知して、自動的にその空白を埋めようとします。「空白」を埋めるとは、「答えがわかる」「理解する」といったことです。

私たちの脳は、「わからないこと」を嫌うと言われています。あなたも、俳優やアイドルの名前を思い出せずに「気持ち悪い！」と思ったことが、一度くらいはあるのではないでしょうか？　これが脳に空白がある状態です。思い出すことをあきらめたときに、ふとその名前を思い出したり、トイレや風呂の中で閃いた経験もあるでしょう。まさに空白が埋まった瞬間です。この空白が埋まったとき、すっきりと気持ちがよくなったのではないでしょうか。

「わかっている」と「わからない」の違いは、コントロールできるかできないです。よくわからないことはコントロールできない状態であり、安心・安全を求める性質を持つ脳にとっては危険な状態です。

したがって、人間の脳は、よくわからない出来事に遭遇した場合、多くは自動的に記憶を総動員して理解しようとフル回転します。優れた作家や映画監督、プレゼンテーション上手な人はみんな、この原理を応用しています。わざと魅力的な「空白」をもうけて聴衆を引き込んでいきます。

たとえば、テレビドラマにも同じ原理が働いています。朝の連ドラは15分の間に毎回、主人公に何らかの問題が降りかかり、解決されるのかされないのか、「次はどうなるんだろう?」といった場面で終わります。最後の所で視聴者は「いったい、次はどうなるんだ?」「早く知りたい!」という気持ちにさせられるのです。

すると、次回が楽しみになり、それが毎日続くわけですから、いったん観てしまうと、ついつい観続けてしまい止められない状態になります。これらの現象は、脳の性質に深い関係があり、人間である限り、影響を受けてしまうのです。

研修中に、私は介護リーダーに対して「空白」をつくるように質問します。たとえば、「あなたのお名前は何ですか?」は空白ができるでしょうか? この問いでは、空白はできません。すぐに答えは出てきます。私が研修中にみなさんに問いかける質問は、「あなたが介護リーダーとなって得られたものは何ですか?」「あなたが介護リーダーとして働く上で大切にしている信念は何ですか?」「あなたは介護リーダーとして働いて何を実現したいですか?」といった質問をします。

どうです? あなたは、すぐに答えられますか? すぐに答えられなくても、あなたの中に必ず答えはあります。ご自身の答えは自分で考えるしかありません。問いを考えることで、答えを導き出し、そして、あなた自身も気づけなかったことに気づき、新しく成長していけるのです。

本書では、いくつかの問いを用意しています。解決できる事例と解決策で今日から実践できるものにしていますが、ぜひ、ご自身の答えも合わせて考えてみてください。

3 仕事が楽しくなるコミュニケーションのつくり方

介護職は、ご利用者とのコミュニケーション、ご家族とのコミュニケーション、同僚や上司とのコミュニケーション、他事業者とのコミュニケーションなど、介護技術が求められる仕事や管理業務もありますが、業務時間のほとんどをコミュニケーションに費しています。別の見方をすると、コミュニケーションがうまくいくと、業務のほとんどがスムーズにいくと言えます。

社会人の悩みのトップは、「人間関係」と言われますが、介護現場は、ご利用者も人、ご家族も人、同僚も人、上司も人、すべてが人間関係です。つまり介護現場は、悩みの多い職場と言えます。では、質問したいと思います。

「あなたにとって、楽しいコミュニケーションとは、どんなコミュニケーションですか？」

研修中に同じ質問をすると、

- **気の置けない友人とのコミュニケーションは楽しい**
- **自分の話を聞いてくれると楽しい**
- **何を言っても大丈夫な場だと楽しい**

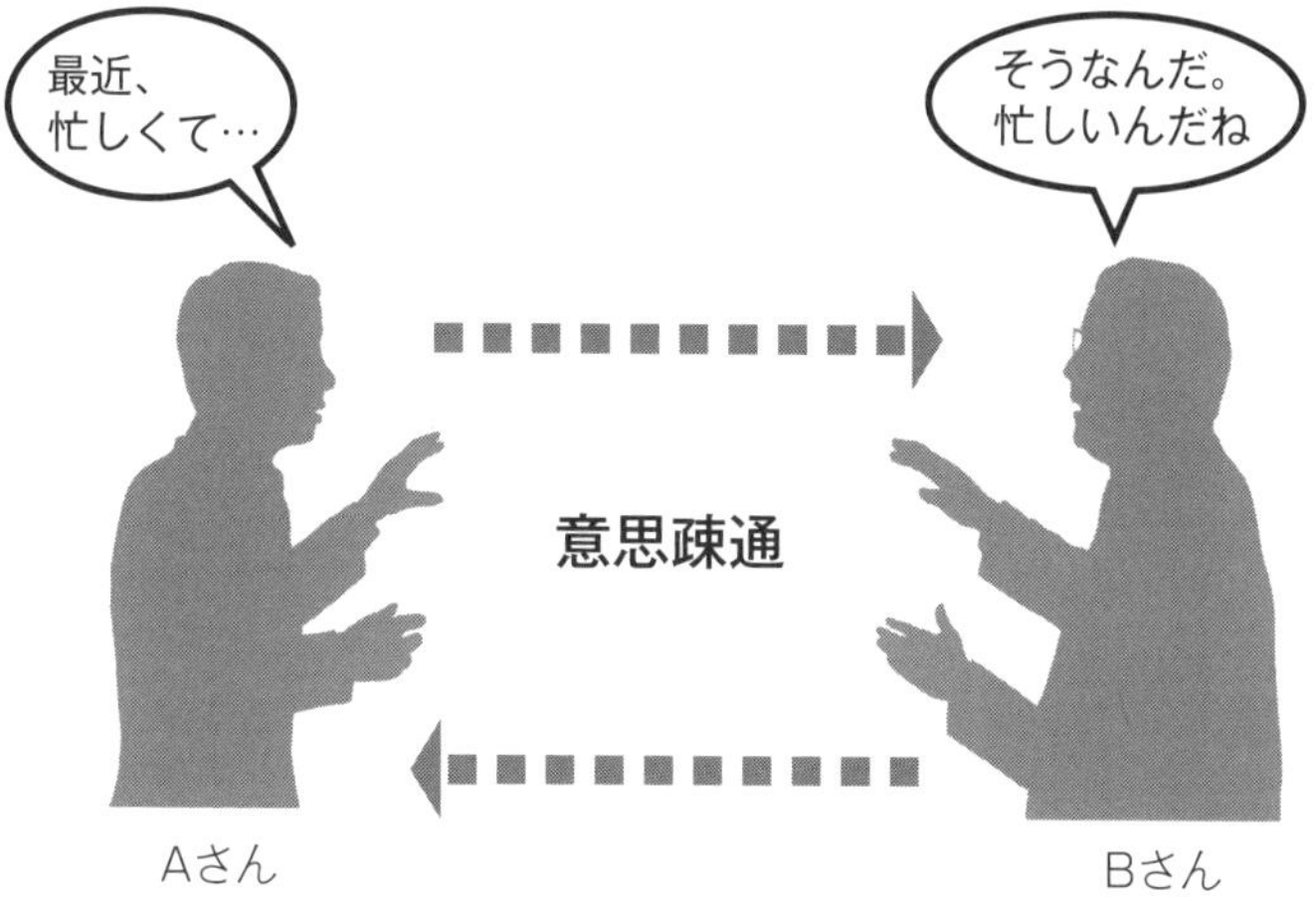
最近、
忙しくて…
そうなんだ。
忙しいんだね
意思疎通
Aさん
Bさん

意思疎通＝Ａさんが言ったことをＢさんが受け取って、Ｂさんの言ったことをＡさんが受け取る

・同じ趣味の仲間とのコミュニケーションは楽しい

・笑いのある会話だと楽しい

などと答えてくれます。話の内容が楽しいというより、誰とコミュニケーションをとるのかで、楽しいのか楽しくないのかが決まってしまうということになります。コミュニケーションとは、上図のようなAさんが言ったことをBさんが受け取って、また、Bさんが言ったことをAさんが受け取る、この状態を意思疎通と言います。

・コミュニケーションが上手な人と下手な人との違いは何でしょうか？

・話し方が上手な人のほうが伝わりやすいのでしょうか？

・正しいことを言えば、相手が受け取って

最近、
忙しくて…
私も忙しいんだよ。
この間なんて…
意思疎通
Aさん
Bさん

意思疎通ができていない＝Aさんが言ったことをBさんが受け取っていない

くれるのでしょうか？

あなたは、どう思われますか？　私は現場で働いていて気づいたことがあります、それは相手が何を言うかが大事なのではなく、誰が言うかが大事なのだということです。

たとえば、ふだんから苦手だと感じている人から、「ご利用者のNさんは時間に厳しい人だから、訪問時間5分前にはうかがったほうがいいと思う」と言われたら、あなたは、どう受け取りますか？「5分前に訪問するのではなく、玄関前で待機して時間ピッタリのほうがいいと思う」とか「予定時間前に訪問するのは逆に失礼」と思ってしまうのではないでしょうか？　いくら正しいことを言われても、受け取り方としては「言っていることはわかるけれど、私にはできない」とか、「私には合わない」になってしまい、素直に受け取れない経験はありませんか？

逆にふだんから尊敬している人から、「ご利用者のNさんは時間に厳しい人だから、訪問時間5分前にはうかがったほうがいいと思う」と同じことを言われたら、どうでしょうか？「たしかに、Nさんは時間に厳しい人だから、5分前には訪問したほうがいいかも」と思ったり、違う意見を持っていたとしても反論するのではなく、「5分前に訪問するのもいいかもしれないけれど、訪問時間ピッタリのほうがいいんじゃないかな」と、自分の考えを素直に伝えることができるのではないでしょうか。同じことを言ったとしても受け取り方はまるで違います。極端に言うと、相手が間違っていたとしても、受け取り方としては、「全部は無理だけれど、ここは実践できそう」という肯定的な捉え方ができたり、「その考えもあるかもしれないけれど、このほうがいいんじゃないかな」と、冷静に自分の意見を伝えることができるのではないでしょうか。では、好意を抱いている人と苦手な人の違いは、どこにあるのでしょうか？ 言っていることは同じです。

相手との関係性において、どんな感情を抱いていたら相手の言っていることを素直に受け取れるのでしょうか？ コミュニケーションにおいて何が大事なのかと言うと、話す内容よりも、相手との「関係構築力」の方が重要視されるのです。

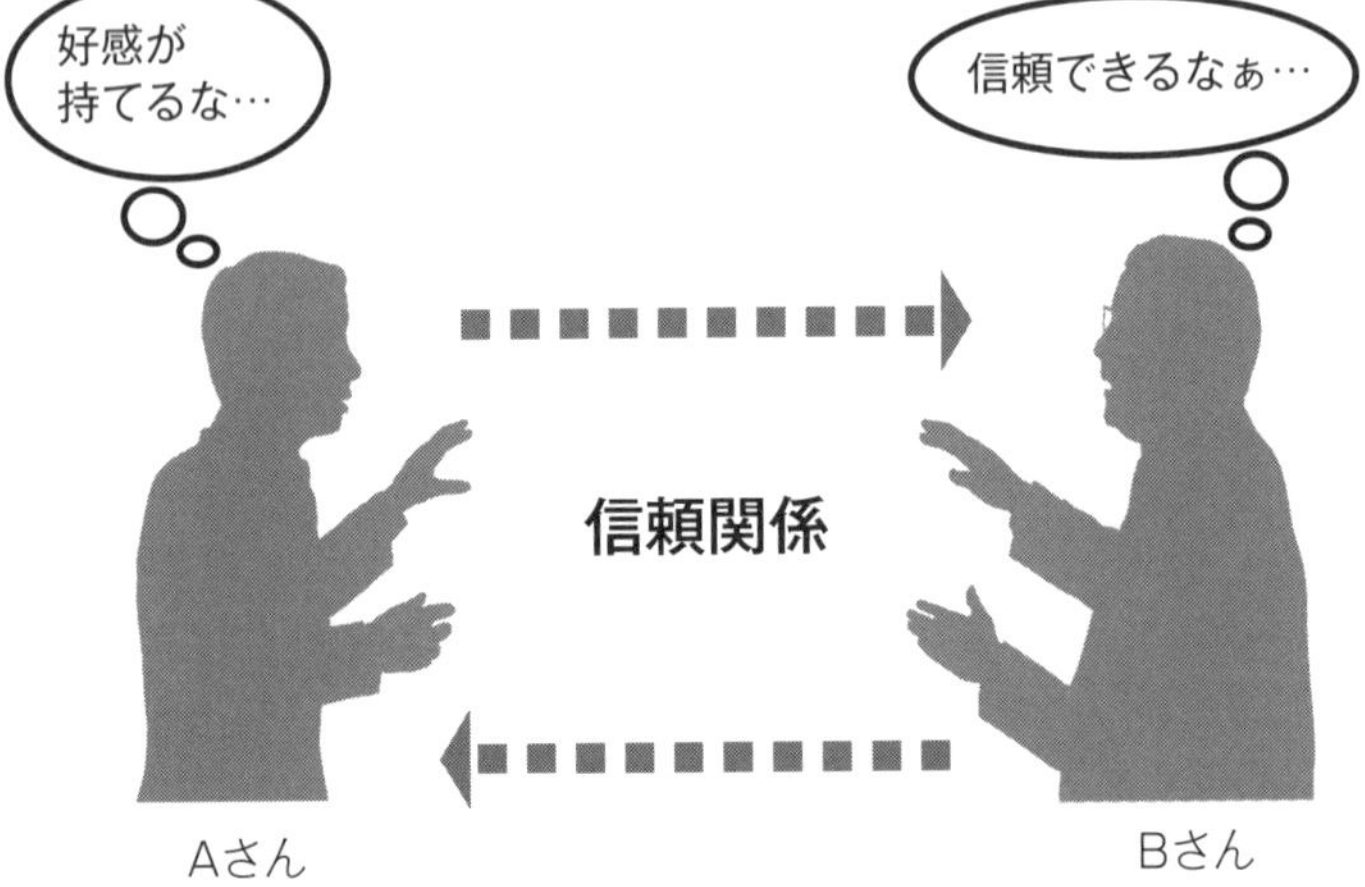
好感が
持てるな…
信頼できるなぁ…
信頼関係
Aさん
Bさん

正しいことを言っても、それを受け取る側とあなたとの間に信頼関係がなければ受け取ってもらえない

上の図のように、AさんとBさんの間に「信頼関係」が築けていることが大前提です。何度、注意しても同じ失敗をするスタッフはいませんか？　あなたは、「私は正しいことを言っている！」という思いだけにとらわれていませんか？　あなたは、正しいことを言っていたとしても、それを受け取る側とあなたとの間に信頼関係がなければ、受け取ってもらうことはできません。関係構築力が身につき信頼関係を築くことができたら、スタッフとの関係どころか、誰とでもよい関係を築くことができます。関係構築力を身につけることこそ、仕事が楽しくなるコミュニケーションの第一歩です。人は、正しいことを言っている人についていくのではありません。好感の持てる

人についていきたいと感じるのです。

4 介護リーダーがスタッフとともに成長していく方法

「あの人と信頼関係なんて無理！」と思っているあなた。あなたは、スタッフの意見を聞いていますか？　スタッフの○○さんが、昨日言ったことを憶えていますか？　あなたが憶えていない、忘れているのであれば、相手との信頼関係はまず築けていないと考えてください。また、あなたからスタッフを見て、距離を感じているのであれば、スタッフはあなたにもっと距離を感じているはずです。

業務で時間がない中、スタッフが同じ失敗を何度もしたり、言ったことが守られていないと、つい一方的に怒ってしまいます。スタッフに必要以上に強く当たってしまうと、スタッフとの間に距離が生まれてしまい、信頼関係が築けるような環境ではなくなります。すると、スタッフはあなたに報告しようと思っていても、いちいち構えてしまい、なるべく報告を一度ですませようとします。

そうすると、連絡ミスが生じて業務に支障をきたすことになります。あなたは、スタッフがダメだと思うかもしれませんが、あなたがそのスタッフのリーダーです。あなたのスタッフなのです。

「人がいないから、仕方なく雇っただけ」「異動してきた先にいただけ」という声が聞こえてきそうですが、この考えで、あなたは自分の幸せを構築することができるでしょうか。介護という仕事を通じて、スタッフとともにあなたも幸せになる権利があります。

目の前のスタッフは、なぜ、あなたの言うことがわからないのでしょうか？　なぜ、あなたの言った指示が守れないのでしょうか？　なぜ、あなたの言った通りにできないのでしょうか？

あなたは、「私は正しいことを言っているのに！」という気持ちになっていませんか？　前項でお伝えしましたが、誰しも自分にとって正しいと思われることをしたり、言ったりしているのです。あなたの言っていることは、あなたにとっては正しいのです。でも、スタッフにとってはどうでしょうか？　逆に、スタッフの言っていること、していることは、スタッフにとっては正しいのです。でも、あなたにとってはどうでしょうか？

あなたとスタッフがともに成長して幸せになるために、人との関係構築力を高めていく必要があります。

私たちは、「わからないこと」には距離を感じます。たとえば、数年前から入居されて慣れているご利用者の入浴介助や排泄介助はさほど緊張感なくできても、入居初日の方の入浴介助や排泄介助は少なからず緊張します。それは、慣れている方の介助には、どこがポイントで何に気をつけたらいいのかがわかっているからです。また、同じ社内での異動でも、新しい地域や新しいスタッフと働くことになれば、勝手がわからず緊張します。

「よくわかっている」＝距離が近い、信頼関係がある

「よくわからない」＝距離が遠い、信頼関係がない

新しい環境や初対面の人では、「わからないこと」が多いので緊張もするし、親近感が持てないのです。

では、あなたに質問します。

質問　あなたは、スタッフのことをどれぐらいわかっていますか？

・スタッフの下の名前を知っていますか？
・介護の仕事に就いた動機を知っていますか？
・介護職に就く前の仕事を知っていますか？
・今の職場でスタッフが持っている課題を知っていますか？
・あなたとの共通点は何ですか？

「そう言えば……、知らないな～」と、急にスタッフに聞くのはやめてください。まず、リーダーであるあなたが、この内容をスタッフに開示してください。トップセールスマンと言われる人たちは、いきなり商談をせずに世間話からはじめ、お客さんとの共通点を見つけていき距離感を詰めていくと言われています。まず、リーダーであるあなたが、スタッフに心を開くことからはじめてください。心を開き無防備な状態の人には距離は感じません。逆に、距離を感じる人に対しては心を閉ざしてしまいます。信頼関係は、お互いの心が開いているかどうかと関係があり、人間は「よくわかっている」と感じる人に対して心を開きます。自分との共通点が多い人であるほど、「よくわかっている」と認識して心を開きます。

ということは、信頼関係をつくるには、相手と自分との共通点を見つけ、それを相手と共有することが効果的ということになります。自分との共通点が多い人ほど、「よくわかっている」と認識して、心を開いてくれるのです。

あなたから行動に移してください。気持ちが変わるのを待って行動するのでなく、自分が行動することで気持ちが変わっていくのです。

5 「そんなこと言われても無理!」は本当?

研修中に、「言っていることはわかるけれど、私にはできません」や「三田村さんはできたんでしょうけど、私には無理です」と言われる方がいます。「そんなことを言われても無理!」は本当でしょうか? もちろん、私に言われている方が嘘を言っているとは思いませんが、「私はできない」は本当でしょうか? なぜ、「私はできない」になってしまうのか説明していきたいと思います。まずは、私の体験談をお話ししますので、じっくりと読んでみてください。

私が担当していたHさんは、女性(86歳)、要介護5、お独り暮らしで息子さんと2人の娘さんは他府県にそれぞれのご家族と暮らされています。週に1回ずつ、子どもさんが訪問され、Hさんの介護をされている状況です。介護保険サービスは、訪問介護サービスを3回/日、訪問入浴サービスを1回/週、福祉用具レンタルで特殊寝台、特殊寝台付属品、週1回のデイサービス利用で、月によっては限度額を超えるサービス利用をされていました。キーパーソンとなる息子さんが、サービス利用や費用面などの調整をされていました。この息子さんはお母さん思いでとてもよくされるのですが、お母さん思いなだけにヘルパーに対する要望が強く、訪問するヘルパーの活動日誌を一通り見て、赤ペンでその上から細かく指示を書き足すといったことをされます。たとえば、季節の変わり目には、「母が風邪をひいてはたいへんだから、入室時の気温と退室時の気温を書いておいてください」や「室内の温度が23℃だったら毛布を1枚かけてください。22℃だったら毛布2枚お願いします」など、1℃の差で対応を変えるように要望されたりします。また食器洗い洗剤にヘルパーが1週間でどれだけ使ったかわかるようにマジックで印をつけたりされるぐらいチェックが厳しい息子さんでした。

実際に、研修でこの私の体験談をお話しすると、「こんなのは介護保険サービス外のことだから、要望されてもする必要がない」や「利用しているサービス量が適切ではない」など、みなさん一様にケーススタディーをはじめるのですが、ここでおうかがいしたいのは、ここまでの話を聞いて、あなたはどんな息子さんをイメージされたでしょうか？　できれば、体格や年齢、容姿をより具体的にイメージし、そのイメージを誰かに話すかメモに書き出してみてください。

私の実際に担当したHさんのケースを研修で話すのですが、ここには「コミュニケーションの構造」を理解するという目的があります。「私の話を聞きながら、頭に何らかの映像が浮かんだ人は手を挙げてください」と言うと、ほぼ全員が手を挙げてくださいます。次に、

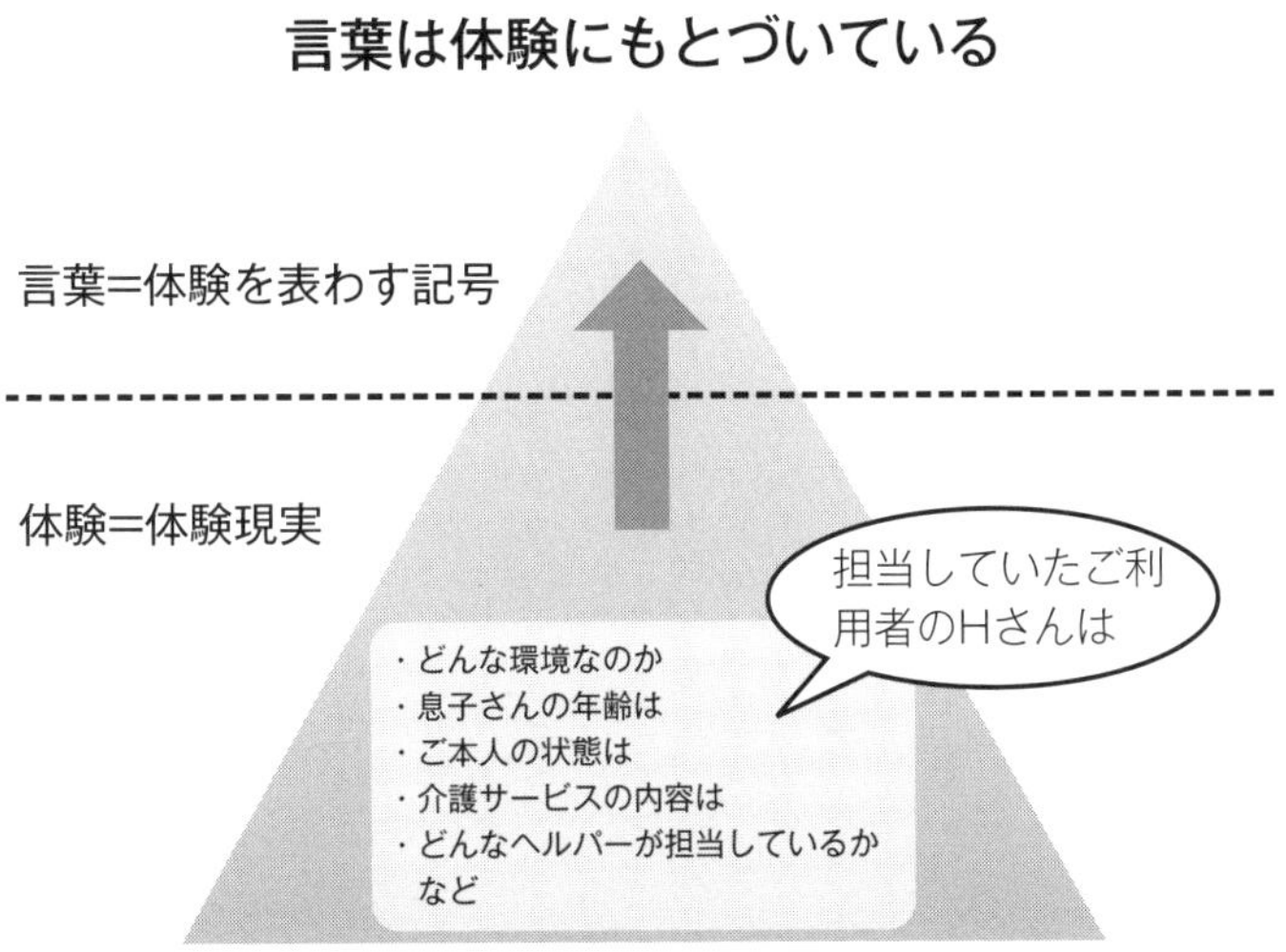
言葉は体験にもとづいている
言葉=体験を表わす記号
体験=体験現実
担当していたご利用者のHさんは
・どんな環境なのか
・息子さんの年齢は
・ご本人の状態は
・介護サービスの内容は
・どんなヘルパーが担当しているか
など

「それではHさんの息子さんを思い浮かべた人はいますか?」と聞くと誰も手を挙げません。「では、みなさんはどんな映像を思い浮かべたのでしょうか?」と質問をすると、「自分が担当しているGさんの息子さん」とか、「同じようなことを言われたことのあるKさんのケース」など、自分が実際に担当しているケースや、自分が実際に体験したことがある似たようなケースを思い浮かべていることがわかります。これが「コミュニケーションの構造」です。私たちが誰かの話を聞いているとき、話している人の話を聞きながら、自分が体験したことと結びつけて理解しているのです。

上の図のように、私たちが何かを理解するときの土台となるものは過去の体験（記憶）です。まず、私がHさんのケースを話すときには、私自身が担当していたときの何らかの体験を思い出しながら、言葉を使ってそれを受講生に伝えています。次に受講生は、私がHさんのケースの体験談を言葉を使って伝えたとき、「空白」を持つことになります。これは意識では捉えられないくらい短い時間です。しかし、脳は空白を嫌います。私たちは、わからないことは危険で嫌いなのです。たとえば、「あのドラマに出ていた、あの俳優の名前は何だった？」と、俳優の名前が思い出すことができず、モヤモヤする状態だったり、初めてのご利用者宅訪問や初めての職場に行くときに緊張してしまうのは、「脳は空白を嫌う」からです。話を元に戻しますと、私の体験談を聞いた受講生は、主に自分が体験したことがある、似たようなご利用者を通して私の話を理解することになります。実際にこの体験談を聞いた方々に、どんな息子さんをイメージしたかを聞いてみると、細身の眼鏡をかけた人や体格がよくて丸坊主の人など、同じ話を聞いても空白を埋めるために、それぞれがアクセスする記憶はまったく違うものでした。

そして、このプロセスは無意識的に、自動的に行なわれています。人は話を聞くと、勝手に自分の体験（記憶）と結びつけてしまいます。脳がわからない状態を嫌うので、瞬時に空白を埋めようと理解するために必要な記憶とつながるわけです。

このように話し手は、自分の頭の中にあるイメージを聞き手に言葉を使って伝えているの

過去の体験・記憶と結びつけて理解している

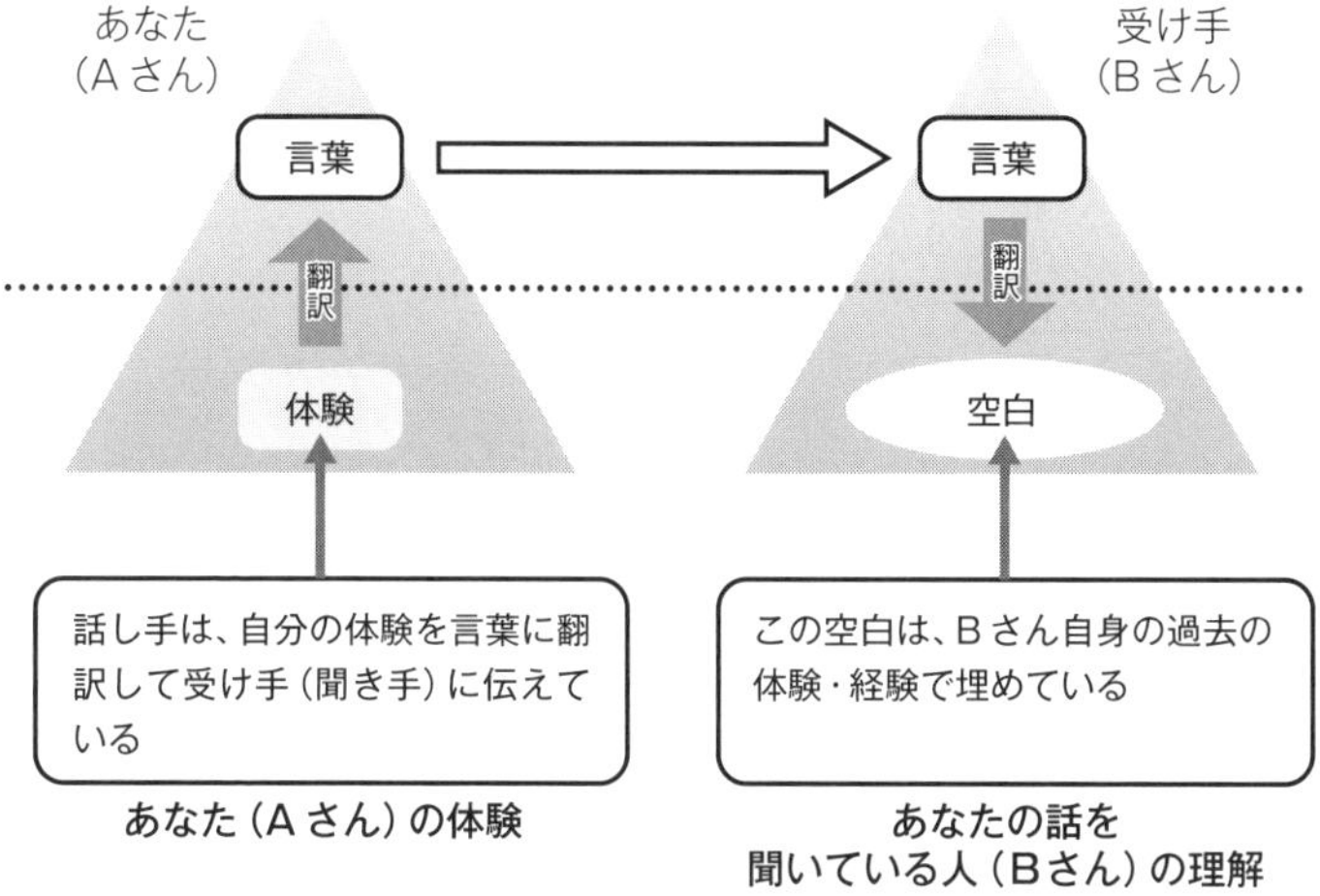

ですが、イメージどおりに伝わるのではなく、聞き手の過去の体験（記憶）にすりかえられてしまいます。言葉によるコミュニケーションでは、いつでもこのようなことが起こっているのです。これがミスコミュニケーションの原因です。ここまでの説明で、私たちは会話や読書において言葉を理解するときに、自動的に過去の体験（記憶）に結びつけて理解していることがおわかりになったと思います。そして、もう一度お聞きしたいと思いますが、「そんなことを言われても無理！」は本当でしょうか？なぜ、そう思うのでしょう？ 私たちは、何かを理解するときの土台となっているものは過去の体験（記憶）でした。あなたが「私はできない」と思ってしまうのも、過去の

体験（記憶）とつながっているからだと考えることができます。

つまり、あなたは過去に失敗した体験やうまくできなかった体験の記憶と結びつけていて、「私はできない」と思い込んでいると言えます。思い込みは気づくことで修正することができます。もう一度言います。あなたはできないのではありません。過去の記憶から、できないと思い込んでいるだけなのです。

質問　「私はできない」と感じている理由は何ですか？

6 「あの人に何を言っても無駄！」は本当？

みなさんの中に、スタッフや後輩に失望しているという方がいらっしゃるかもしれません。逆に、自分自身に対して希望を見出せないという方もいらっしゃるのではないでしょうか。しかし、それも「思い込み」なのです。その思い込みが、私たちの状態に大きな影響を与えています。前項でもお伝えしましたが、思い込みは気づくことで修正することができます。

まず、順を追って解説していこうと思いますが、あなたがスタッフに対して、「あの人に何を言っても無駄！」と感じているとします。このように感じるのも、あなたが言ったことが守られていなかった、あなたの合格水準に達成していなかった、あなたの言ったことに対して反抗することが何度かあったために、あなたは「あの人に何を言っても無駄！」と感じるようになった。あなたの言ったことが毎回きちんと守られていたら、あなたの合格水準に達成していたら、あなたはスタッフに対して、「あの人は何を言っても無駄！」とはならないはずです。

私たちは、何かを理解する時の土台となっているものは過去の体験（記憶）でした。つまり、前項の「私にはできない」と思い込んでいる状態と同じと言えます。

ここでは、この思い込みがどのように私たちに影響するのかをお話したいと思います。私たちは基本的にひとつのことにしか意識を向けることはできません。同時に二つ、三つのことに意識を向けることはできないと言われています。たとえば、楽しかった思い出と悲しかった思い出を、同時に思い出してくださいと言っても難しいと思います。別の例で言うと、介護職に就いてから、新聞の「高齢者」という文字や「介護保険」という見出しが目につくようになったり、街中でも介護会社の車が目に入ってきたりするのではないでしょうか。これは、私たちが関心のあることにしか意識を向けられないということを示しています。このように、意識はひとつのことしかキャッチすることはできません。

問題がつくり出されるプロセス

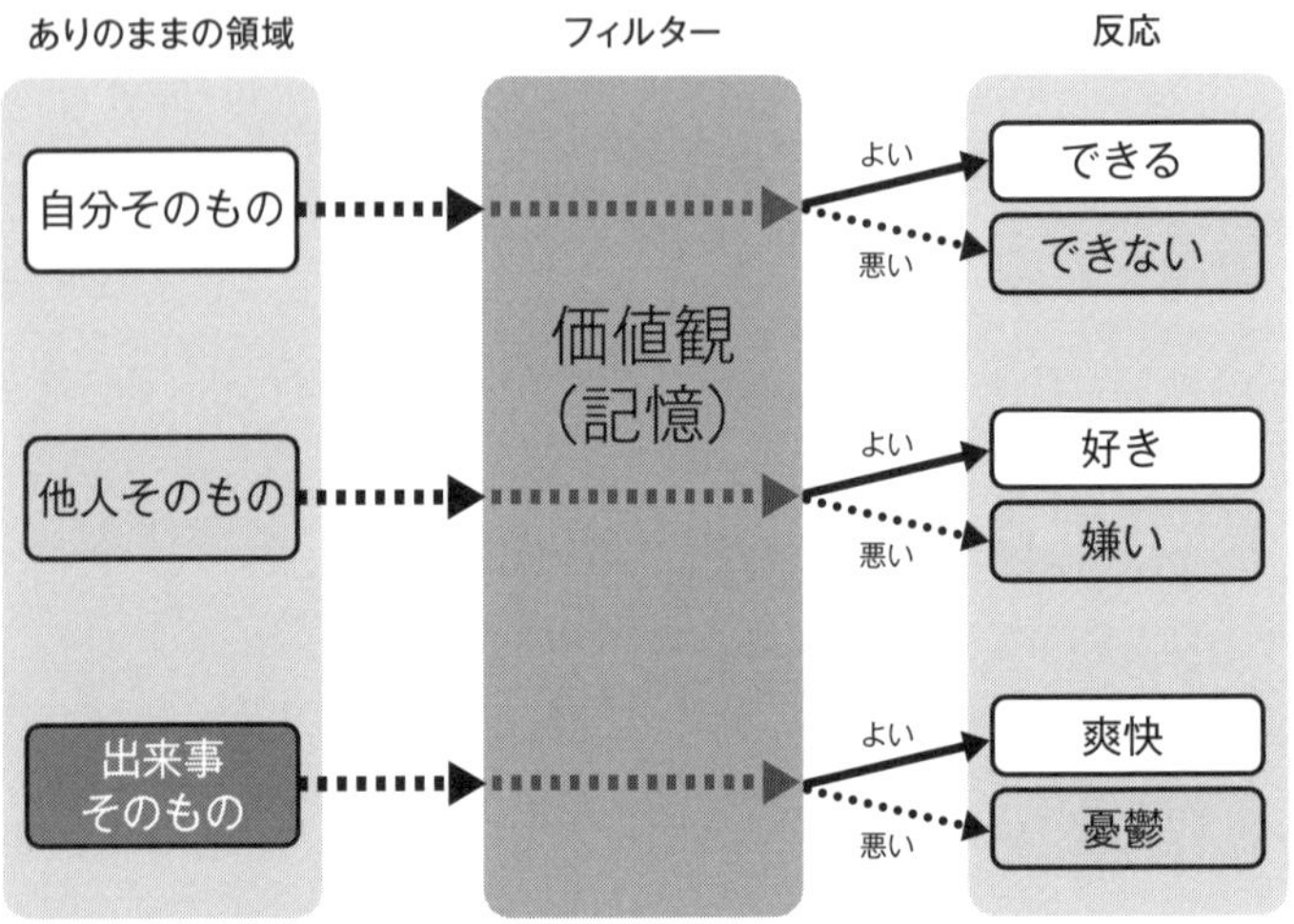

そうすると、私たちは自分に対しても他人に対しても、過去の体験（記憶）に基づくイメージ通りの情報をキャッチしてしまうということになります。自分の思い込みを肯定しようと脳は働きます。「やっぱりね」「そうだと思った」「私の思った通り」という結果を、脳が探してしまいます。自分が苦手だと感じている人に対しては、嫌悪感を抱くような情報がキャッチされやすくなり、好意を抱いている人に対しては、好感を抱くような情報がキャッチされやすくなるのです。つまり、問題の原因は、「他人」や「自分」や「出来事」にあるのではなく、あなたが被せているイメージであると言えます。

自分が、「他人」や「自分」や「出来事」

に被せたイメージによって、「苦しい」「悲しい」「辛い」と反応してしまい、自分の被せたイメージによって自分自身が苦しむのです。苦手なスタッフがいるというのは、少なからず悩みの種になっているはずです。まず、問題解決するにはスタッフのよいところ、できているところに意識をフォーカスしてみてください。何でも構いません。

「毎朝、遅刻せずに出勤しているな」「ご利用者にお声がけができているな」「笑顔で挨拶ができているな」など、些細なことで構いません。「そんなこと、できて当たり前」と思っているあなた。そこに盲点があります。あなたができて当たり前だと思っているということは、できているということをスタッフに伝えられていないということになります。つまり、スタッフを承認できていないということです。

スタッフを認めてあげれば、スタッフは自分に価値を感じることができて、頑張ろうという気になります。そうすることで、スタッフの可能性がどんどん広がっていきます。

7 「ここの職場は何を言っても変わらない」は本当？

私たちは、毎日いろいろな影響を受けています。お天気ひとつとっても、受ける影響は人それぞれです。「雨が降っているから自転車に乗りたくないなぁ～」と、雨が降っていることで憂鬱になる人もいれば、「雨が降っているから、洗濯しなくていいや。時間ができた。ラッキー」と喜ぶ人もいます。

お天気ひとつからでも影響を受けて、さまざまな反応をしているということになります。また、同じことを言われたとしても、「○○さんって、何でひと言多いのかな～本当に腹が立つ！」と、批判だと受け取ってイライラする人もいれば、「いいアドバイスをもらったな。○○さんありがとう」と、感謝できる人もいます。ここで大事なことは、前項でもお伝えしていますが、出来事や他人や自分に対して自分の価値観を被せて反応しているということです。

雨が降っていることで憂鬱になる人もいれば、気分が明るくなる人もいます。これは雨のせいなのでしょうか？　すべて自分自身の価値基準で起こってくる反応が違うだけです。

あなたは、何かがうまくいかなかったとき、「スタッフの○○さんのせいだ」「高齢者が少

問題がつくり出される原因は、出来事に被せているイメージにある

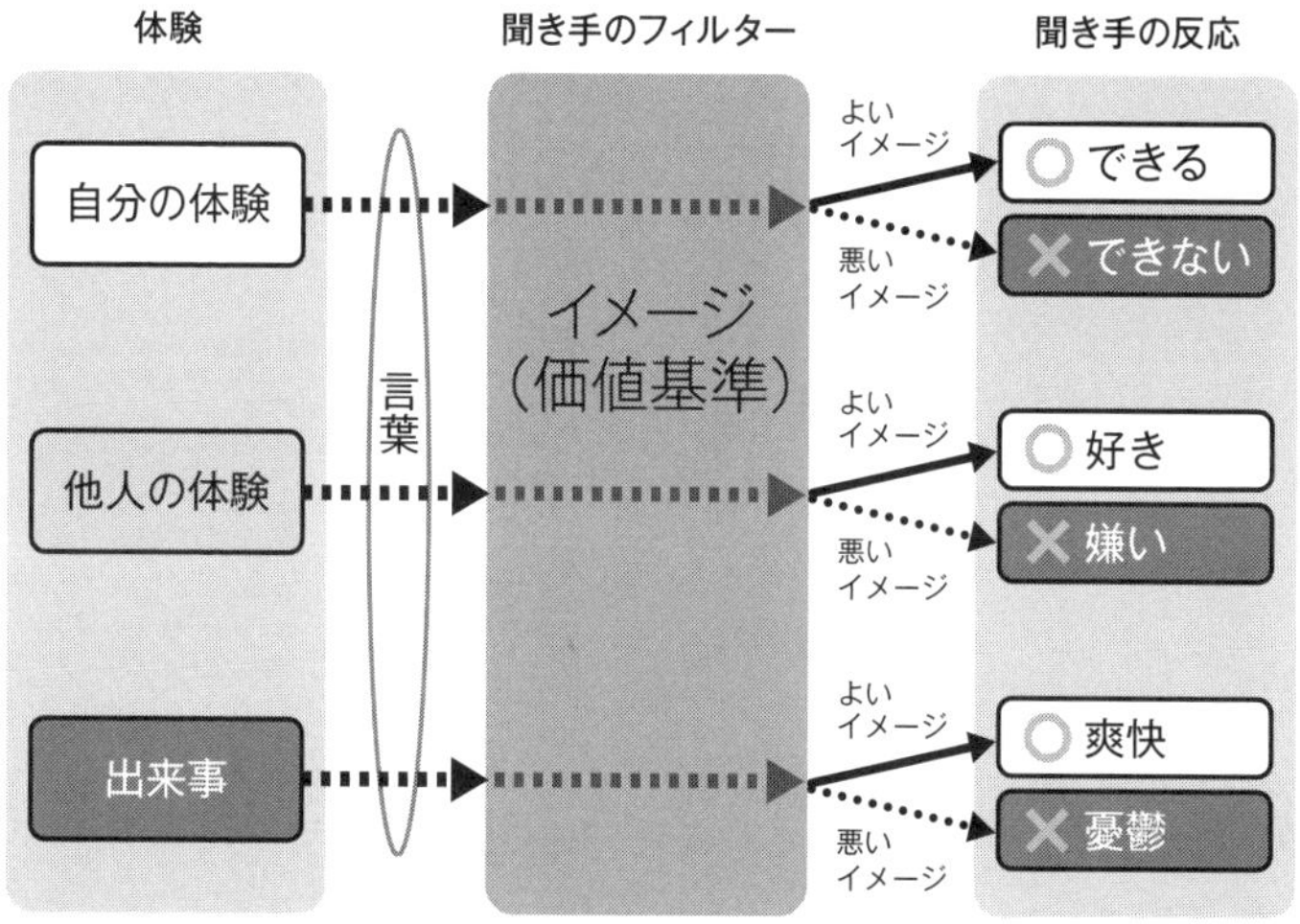

ない地域だから新規獲得できないんだ」「大手の介護事業所が近くにあるからダメなんだ」と考えてしまうことはないでしょうか？　プロローグでもお伝えしましたが、これは、私が長年うまくいかないときにやっていたことです。「新規ご利用者が獲得できないのは地域が悪いからだ」「募集しても集まらないのは、近くに大手介護事業所があるからだ」「スタッフのOさんがいるから、スタッフ全員の士気が下がるんだ」

物事がうまくかない理由を自分以外の何かのせいにしておけば、自分自身は傷つかず、こんなに楽なことはありません。でも、こんなことを言っていても、何も状況は変わりません。状況を変えたければ、自分の

同じ情報でも、人によって受け取り方はさまざま！

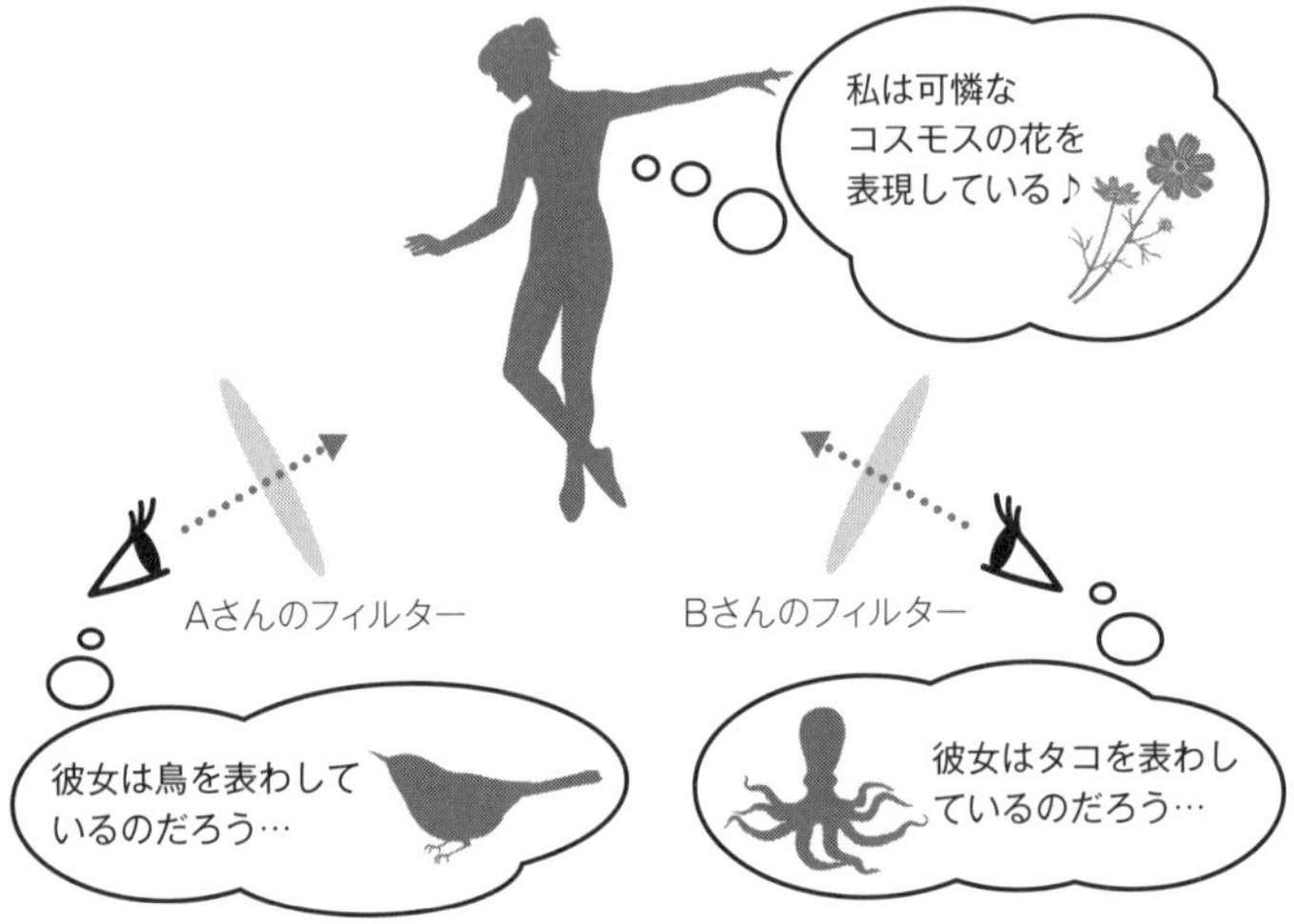
私は可憐な
コスモスの花を
表現している♪
Aさんのフィルター
Bさんのフィルター
彼女は鳥を表わして
いるのだろう…
彼女はタコを表わし
ているのだろう…

選択を変えなければなりません。他の誰かの問題ではなく、自分自身の問題なのです。

私たちは日々、いろいろな選択をしています。「今朝は、ご飯にしようかな？ パンにしようかな？」「今日は天気がいいから、この洋服にしようかな？」「何時の電車に乗ろうかな？」「この施設に応募してみようかな？」いろいろな選択の結果が、今のあなたです。他の誰でもない、あなた自身の選択の結果です。まず、自分自身の選択を変えてみてください。それでも、あなたは、「自分ひとりが何かやっても、そう変わるものではないし……」と思うかもしれません。本当にそうでしょうか？ 前項でもお伝えしている通り、私たちは、自分の心にあるフィルター（価値基準）を通して物事を見ています。

たとえば、上司に対して嫌悪感があり、攻撃的な思いを持っている場合は、上司を攻撃的な心のフィルターを通して見ます。すると、上司が自分に対して攻撃的な思いを持っているように見えやすくなります。つまり、何か嫌なことがあって不機嫌な顔をしている上司を見ると、嫌なことがあったと知らないあなたは、まるで自分に文句があって不機嫌な顔をしているように見えたり、そう判断してしまいがちになります。「私に文句があるんだ」「私のことが気に入らないんだ」と判断してしまうかもしれません。怒りが怒りを誘発してしまうのです。

上司への嫌悪感を癒すことで、攻撃的な心のフィルターを通さずに上司を見ることができれば、「また、私に文句があるんだ」と自分の中で判断せず、ただ、「不機嫌だなぁ」と、自分と相手とを切り離して、あるがままに見られるようになっていきます。自分と相手とを切り離すだけでも、相手に感じる思いは変わってくるものです。ストレスの度合が違います。

また、自分のストレスが軽減し、自分が変わっていく度合だけ、相手に寛容になることができるので、相手に対する態度が変わっていきます。変わった度合だけ、今まで腹が立っていたことも、許せるようになっていたりします。そうすると、今までと違った態度や、反応で接してくることに対しての、相手の反応も変わっていきます。

このように、自分が変わることによって、相手が変わったように見えるだけではなく、実際に相手も変わっていくのです。それは、自分が変わったことで、相手に影響を与えたと言えます。相手がよい態度になってくると、自分も楽になるし、うれしくなりますから、もっと相手に、よくしてあげたい気持ちに自然となってくるし、よくしてくれるから、相手も、またよい態度へと変わっていくような流れができてきます。

相手を変えようとすると、相手はそれをコントロールと感じるため、反発します。自分を変えることだけでも難しいわけですから、相手を変えることは、もっと難しいでしょう。だとしたら、自分が変わることが、問題を解決するための、近道になるのではないでしょうか。

2章

役割

介護リーダーって何をするの?

1 介護リーダーになって役職手当がつくのはうれしいけれど、リーダーって何をするの？

事例

訪問介護サービスで3年間、サービス提供責任者を経験したFさんは本部のマネージャーから、「Fさんには、来月新規オープンすることになった○○地区の介護リーダーになってほしいと思っているんだ。Fさんは介護現場の経験も長いし、スタッフやご利用者からの信頼も厚くて適任だと思うんだ。それに、介護リーダーになったら、役職手当もつくよ。来週までに返事してくれたらいいから」と言われたFさんは、「介護リーダーって、何だか面倒なことが多そうだし、正直やりたくないけれど、役職手当がつくのはオイシイ。他のスタッフとも仲はいいし、先月、介護リーダーになったHさんも※**サ責**のときと同じように現場に出ているし、月1回の本部でのミーティングが増えるくらいかな。だったら、介護リーダーになってもいいかな」と、明確な役割を知らず、また教えられないまま、介護リーダーになったFさんは半年後、「こんなはずじゃなかったのに……、仲がよかったスタッフともサービス稼働時間のことでギクシャクしているし、だいたいこんなに書類作成をする時間がどこにあるのよ！　サ責に戻りたいって本部に言っても戻してくれないし、退職して別の事業所でサ責で雇ってもらおうかな……」

(※サ責(サービス提供責任者)⇒訪問介護サービスに伴う介護計画の作成やケアマネージャーや他事業所との連絡・調整、技術指導等のサービス内容の管理を担当する)

介護リーダーに抜擢された時点で、自分が介護リーダーに向いていると、自信を持って言いきれる人はなかなかいません。そして、介護リーダーになったとたん、今までのよさが失われたり、必要以上にスタッフに気を遣い過ぎて自分の個性をなくしてしまっている人が多いように思います。現状では、介護リーダーの役割を知らないまま、何をするのかを理解しないまま、介護リーダーに就いた人が多いのではないでしょうか。

この背景には、介護リーダーを決める上司ですら、その役割を理解しないまま「人がいいから」「明るいから」「経験があるから」などの理由で決めてしまっていることがあります。

介護現場では人手不足が常であり、人材が育ってから役職に就くのではなく、現場で働きながら仕事を覚えていくといったことが求められます。そして、実際に介護リーダーになってから、「役職手当がつくのはうれしいけれど、リーダーって何をするの?」という疑問が生まれます。

介護リーダーに就くとき、上司から明確な説明を受けないケースが多く、または上司から説明を受けても、介護リーダーに抜擢されたときには、「わからないことがわからない」状態であることがほとんどです。そもそも、わからないことに自信が持てるはずがないのです。

私が、今まで介護リーダーを見てきて感じることは、優れたリーダーは、具体的な信念があり、そしてその信念をスタッフと共有できているということです。ここでいう「優れたリーダー」とは、スタッフとともに成長していくことができるリーダーのことです。管理能力がある人でもなければ、統率力がある人でもなければ、発言力のある人でもありません。

リーダーは特別な人ではありません。だいたい、管理能力、統率力、発言力を最初から持っている人は稀ではないでしょうか。頭ではわかっていることでも、実際に現場で働きながら「そういうことか！」「また、やってしまった！」「私の悪いところだな」と、自分で気づいて、改善していく過程で、管理能力や統率力や発言力が自然に身につき、リーダーシップが磨かれていくものだからです。

結局、自分の殻を破れるリーダーは、「わかっているけれどできない」部分を、どうやって乗り越えたらいいのかを考え、自分の弱い部分と向き合える人だと思います。

「自分のことを変えられない人間が、他人を変えられるわけがない。他人とのコミュニケーションを改善したいのであれば、とにかく徹底的に自分とのコミュニケーションが基本である」とは、私が、あるコーチから言われた言葉です。この言葉を聞いて、衝撃を受けたことを覚えています。

それまでの私は、「会社は現場のことを全然わかっていない」「あの人が言ったことは間違っている」「もっと、頭がよかったらできるのに」「この地域には高齢者が少ないから、業績が上がらないのは仕方がない。私のせいじゃない」というものでした。今から思うと、他力本願もはなはだしい、お恥ずかしい発想ですが、当時は本当にそう思っていました。

私たちは、何か嫌なこと、自分の思い通りにならないことがあると、つい他人のせい、環境のせいにしてしまいがちです。そのほうが楽だし、救われたような気にもなります。でも、「他人のせい、環境のせいにして幸せなのか?」「自分の幸せのためになるのか?」――この質問は、研修で必ず行ないます。

私自身、他人のせい、環境のせいにしていたとき、そのときは楽だったし、救われているような気にもなっていました。ですが、それはほんの一瞬です。また、同じようなことが起きると、他人のせい、環境のせいにして、「どうせ、私なんて……」「誰もわかってくれない」「何で、私ばかり……」の繰り返しで、その頃はいつも不安でイライラしていました。

みなさんには、他人や環境に振り回されるのではなく、自分で自分の人生を主体的に生きていただきたいと願っています。介護リーダーに抜擢されたことを嘆くのではなく、この機会に自分自身と向き合うきっかけにしてください。

ステップ①役割

質問①　あなたの事業所・施設が世の中に必要な理由は何ですか？

ヒント！→理念・信念＝なんのために？　あなたの事業所・施設が提供しているサービスは世の中にとってなぜ必要なのか。理由を書き出してみましょう。

質問②　あなたが大切にしている想いや価値観とは？

ヒント！→大切にしている想いや価値観とは？　リーダーの「こだわり＝人生観」が事業所・施設のカラーに反映されるはずです。一度、ご自身の想いや価値観を具体的に考えてください。

質問③　ひとことで言うと、全ては「　　　　　　　　　　　　」のためにやっていると言えますか？

質問④　事業所・施設をなんのためにやっているのでしょうか？

ヒント！→すべては「　　　」のために！　あなたの事業所・施設が世の中に必要とされている理由と、あなたの想いを重ねてみましょう。すべては何のためと言えますか？ひとことで書けたら、それをまとめてみましょう。これが理念・信念になるはずです。

出典：有限会社リウムスマイル　https://riumsmile.jp/contentsol_4775.html「下ごしらえドリル」

解決策

最初の一歩として、自分と向き合って、ご自分の信念や価値観を具体的に考えてみてください。まず、あなたがやるべきことは、スタッフと共有できる信念を明確にすることです。

上図の質問に答えるためのヒント！を読んで、ご自分で考えてみてください。

よく、「スタッフがわかってくれない」と話されるリーダーがいますが、リーダーが「どうしたいのか」がわかっていない場合があります。どうなりたいのかが明確になる（目的）から、そのために、どうしたいのか、がわかり（目標）ます。自分の信念や価値観を明確にすることを、ビジネスの世界ではブランディングと言います。一般的に企業では、ずいぶん前から、「他社と自社とを区別する」、「差別化する」ためにブランディングが必要」と言われてきました。現代においては、介護業界でもブランディングが必要な時代です。なぜなら、世の中が激変して情報過多な時代、ご利用者、ご家族の価値観が大転換しているだから時代です。そして、大企業の不祥事や企業を取り巻く環境も激変しています。

近年では、クレームの質が変わってきていると言われています。介護保険が始まった頃は、介護の状況へのクレームがほとんどでした。介護の状況というのは、「車椅子移乗のときに足があたった」、「食事介助のペースが速くてむせた」、「おむつの当て方が悪くて漏れた」などが当たります。しかし、今はその周辺で起こるいざこざがクレームになるケースが増えてきています。周辺で起こるいざこざというのは、「介護スタッフの言葉づかい」、「あいさつがなっていない」、「笑顔がない」、「スタッフの服装・身だしなみ」などが当たります。そんな中で、消費者であるご利用者、ご家族は、今まで以上に「安心・信頼」できる企業からモノを購入したい、サービスを受けたいという欲求が高まっています。

そうなると当然ですが、「安心できない」、「信頼できそうもない」企業や施設からは商品を購入したくない、サービスを受けたくないということになり、「安心できそうだ」、「信頼できそうだ」と感じる企業や施設から商品を購入したい、サービスを受けたいということになります。

つまり、ご利用者やご家族が望んでサービスを受けたいと思う企業や施設と、いくら宣伝されてもサービスを受けたくない企業や施設に二分されるということになります。企業や施設としては、ご利用者、ご家族から選ばれる企業・施設にならなくてはいけません。もっと言うと、ご利用者やご家族から選ばれる「あなた」でなければなりません。なぜ、「あなた」でないとダメなのか、です。

同じ介護職の中で、同じ資格者の中で「なぜ、あなたでないとダメなのか?」。そこを明確にするために、ブランディングが必要になります。あなたの「証」、企業の「証」として信頼できるバックボーン、背骨のようなものがブランディングです。私はこれを、「ご利用者、ご家族との約束」と呼んでいます。ご利用者、ご家族と何を約束できるのか、そこを明らかにすることがブランディグになります。ブランドとは、「ご利用者、ご家族との約束」です。

ブランドとは、単なる企業、単なるサービスではなく、そこに付加価値をもたらすものです。ブランドを創ると言うと、身の丈以上のものや、何かすごい設備を造るというようなイメージかもしれませんが、ブランディングとは、企業や商品の実情に合ったものでなければなりません。

商品のリアルな「事実」こそ大切であって、あくまでも、その事実に基づいて作られるのがブランドになります。では、私たちが売り込む商品とは何でしょうか？ 私たちは何を売っているのでしょうか？ 介護職の商品とは何でしょうか？ 一般のビジネスには商品があります。たとえば、雑貨店であれば、食器や時計などの雑貨が商品であり、コンビニであれば、パンやお惣菜、飲み物が商品です。

では、介護事業所・介護施設の商品とは、何でしょうか？ 商品というのは、同じ事業形態があった場合、ご利用者・ご家族が、「Aのデイサービスではなく、Bのデイサービスにしよう」という判断の材料となるものがすべて商品になります。

たとえば、介護サービスそのものも商品だし、ハード面では建物の外観や特浴などの機能も商品です。看取りケアができます、レクが豊富です、食事が選べます、介護スタッフのマナーや笑顔、ご利用者とのコミュニケーションも商品ですが、スタッフ同士のコミュニケーションも商品です。介護スタッフの服装・身だしなみ、連絡した際のレスポンスの速さ、スタッフ間の報連相の質、ディサービスや施設に入った時の臭い、サービス担当者会議の際の発言や提案なども商品に当たります。

「私たち介護職が扱っている商品は何なのか？」――ぜひ、スタッフに聞いてみてください。スタッフがここに意識が向いていないと、それが満足できるものなのか、不足しているのか、もっと工夫が必要なのかに、気づけないということになります。

一般のビジネスに比べると、介護業界の商品は多岐にわたります。この、介護職の多岐にわたる商品の「強み」や、リーダーのみなさんの「強み」を明確にすることが大切になります。なぜなら、自分の「強み」がわかっていないと、スタッフの「強み」を見つけられません。

人は、「何を」ではなく、「なぜ」に心を動かされる傾向があります。ご自分の信念である、「なぜ」を明確にすることが大切になります。そして、ご自分の信念や価値観を、スタッフへ話してください。

あなたがスタッフに、「こんな想いで仕事をしているんだよ」ということを話していないと、たとえば、「今月は予算達成ができていない」となった場合、リーダーが「新規ご利用者獲得のために何とかしなければならない」とスタッフに話をすると、リーダーの想いを知らないスタッフからすると、「あのリーダーは数字ばかりを言う」、「あのリーダーは、上司の顔色ばかりうかがっている」となってしまうかもしれません。

でも、ご自分の信念「なぜ」を語っていると、その「なぜ」を達成するために予算達成が大切なだとわかります。もっと言うと、スタッフの「なぜ」を達成するためにも、目標達成することが大切なのだ、とわかります。

ぜひ、ご自分の信念や価値観をスタッフと共有してください。そして、スタッフの信念や価値観も聞いてみてください。

質問① あなたは、どんなチームをつくりたいですか?
質問② それを、スタッフとどうやって共有しますか?

2 そもそも、リーダーになんてなりたくなかったのに!

事例

グループホームで働くKさんは、自分からスタッフやご利用者と積極的にコミュニケーションをとるタイプではありませんが、勤務態度は真面目で責任感が強く、任された仕事は最後まできちんと行ない、上司や後輩スタッフからも信頼されています。今まで施設長から、何度かユニットリーダーになるように打診されてきましたが、「私は、リーダーというタイプではないので……今回はスミマセン」「人をまとめることなんて、私にはできませんから……」とユニットリーダーになることを断ってきました。

ですが、とうとうグループホーム内で働くスタッフの中で一番勤続年数が長くなり、断りきれず、今月からユニットリーダーを務めることとなりました。責任感の強いKさんは、スタッフからケアの方法を質問されればスタッフが納得するまで細かく説明するといったことを繰り返していました。

ある日、スタッフのIさんが「ご利用者のMさんが、また入浴拒否なんです。どうしたらいいですか?」と聞いてきました。Kさんは、「Mさんは、以前から入浴を嫌がることがあったんだけど、時間をかけたら入ってくれたことがあったわ」と答えました。

スタッフのIさんは、「時間なんてかけられませんよ。どうしたらいいのか言ってください」と言いました。

このことがきっかけで、リーダーであるKさんはスタッフの疑問に対して明確に答えられなかったと自信喪失し、「そもそも、リーダーになんてなりたくなかったのに!」と思うようになりました。

この事例の場合、もともと責任感の強いリーダーのKさんがスタッフのIさんの疑問に答えらず、スタッフから苛立たれたことが発端でした。

そもそもKさんは、介護リーダーはスタッフよりも技術も優れていて、知識も豊富でなければならないと思っているようでした。技術が優れていることもすばらしいことだし、知識が豊富であればスタッフに、自分が培った知識を教えることができるかもしれません。でも、介護リーダーとしてスタッフの疑問に対して明確な答えを持っていなければならないのでしょうか。

結論から言うと、リーダーがすべての答えを持っている必要はありません。むしろ、技術や知識よりもスタッフとともに成長できるリーダーが求められているのです。

今回の事例は、入浴拒否のご利用者に対して何とか入浴していただこうと、さまざまな工夫をしてみたり、さまざまなアプローチをしてみてもうまくいかない、そうするとスタッフは、「どうしたらいいのか言ってください」とリーダーに聞いてくる。その問いに明確に答えられず、スタッフからの信用を失ったと感じたリーダーのKさんが、「私はリーダーになりたくなかったのに！　施設長がリーダーになれって言うから！」と言っている。これは、目の前の問題に対して、自分で考えるということを拒否したスタッフのＩさんと、問題を施設長の責任だと言っているリーダーのKさんの話です。別の視点から見ると、2人とも自分の問題を他者に解決してくれと求めているのです。では、どうしたらいいのでしょうか?

スタッフもリーダーであるKさんも、Aの答えはBだというような答えを求めているように思います。これは、Aの答えはBだと決まっているほうがわかりやすいし、何より安心安全が保てます。それに簡単です。

さらに付け加えると、責任が自分に降りかかってこないという安心感もあります。Aの答えはBだという公式があれば、もし答えがBではなかった場合でも「だって、Aの答えはBだって言ったじゃないですか！」と言うことができます。

しかし、ご利用者のケア方法に「こうすれば必ずうまくいく」という明確な答えはないのです。

スタッフからすると、困っているときに明確な答えを与えてくれないリーダーに対して苛立つかもしれないし、信用できなくなるかもしれません。でも、実際の介護現場では、「入浴拒否」だけではなく、「帰宅願望が強いご利用者への対応」「立位困難であるが、車椅子から立ち上がろうとされるご利用者」「物を盗まれたと興奮されるご利用者」など、介護現場では、その場に応じた適切な判断と対応が求められます。この場合、ご利用者も人であり、スタッフも人です。人間同士のコミュニケーションを通して成り立っているため、「こうしたらいいんだ」といった明確な答えはないはずです。

逆に、「ご利用者がAの場合は、Bで対応するように」といった決まりきった答えを与えるほうが危険ではないでしょうか。「帰宅願望が強いご利用者への対応」も、その日のご利用者が訴える声のトーンやペース、表情によっても対応は違ってくるでしょうし、また、こちらが「もう少しいてください」といったセリフひとつでも、それを言うスタッフによってもニュアンスは違ってくるはずです。

「どうしたらいいのか」と思っているスタッフに、常にリーダーが指示を出し、答えを与え続けていたら、スタッフは自分で考えて実践していくという機会がなくなってしまいます。答えを与え続けるリーダーは、スタッフの成長に蓋をすることになるのです。

解決策

介護リーダーが答えをすべて持っている必要はありません。スタッフに聞かれたことに対して、明確に答えられなくてもいいのです。ただ、一緒に考えて、一緒に答えを見つけようという姿勢が大事なのです。あなたのチームのスタッフに「私は何でも知っているわけではありません。一緒に考えていきましょう」と宣言してください。「そんなことを言ったらスタッフから信頼されなくなってしまう。そんなことは宣言できない」と思ったあなたに質問です。

質問①「私は何でも知っているわけではない」と宣言できない理由は何ですか？

質問②「私は何でも知っているわけではない」と宣言すると、どんなことが改善されると思いますか？

3 役職がないときはバリバリ働いていたのに、リーダーになったとたんにやる気ダウン

事例

Rさんは福祉系大学を卒業後、新規オープンしたデイサービスにオープニングスタッフとして就職して今年で5年目です。デイサービスが開設された当時から勤務しているRさんは、5年目のお付き合いとなるご利用者の方々や同期入社した社員の仲間と毎日の業務に追われてはいるものの、充実した毎日を過ごしていました。Rさんが担当するレクリエーションはご利用者にも好評で、他の職員と協力し合って毎回、趣向を凝らした内容になっています。そんなRさんが今回、デイサービスの管理者になることになりました。

Rさんは、このデイサービスに愛着もあるし、何よりデイサービスの仕事自体が好きだから、管理者になっても他職員と協力し合って、今よりももっとよいデイサービスになるよう頑張ろうと意気込んでいました。

しかし、実際にRさんが管理者になって半年が過ぎようとした頃、日常業務に追われていくうちに仕事に身が入らなくなり、「こんなはずじゃなかったのに！」という気持ちが芽生えてきました。役職がないときにはバリバリ働いていたのに、リーダーになったとたんにや

る気がダウンするのはなぜでしょうか?

役職がないときのRさんは、他のスタッフや上司から求められるもの、求められていると感じているものを提供する姿勢を常にとっていました。たとえば、趣向を凝らしたレクリエーションの開催や司会進行、送迎車内での会話、ご利用者へのお声がけ、スタッフやご利用者との朝の挨拶などもそうです。レクリエーションの開催など、相手が喜ぶであろうことを予測して考えるという点では、わかりやすいと思います。その他、送迎車内での会話、お声がけ、挨拶などは、ふだん意識しないことだと思いますが、たとえばポケットに手を突っ込んだまま眉間にしわを寄せて「おはよっす」と挨拶されるのと、ちゃんとアイコンタクトをとって笑顔で「おはようございます」と言われるのとでは、相手の受け止め方はまるで違います。私たちは相手に受け取ってほしいと思えば、無意識でも相手に受け取られやすいであろう手段、相手が求めている表現でコミュニケーションをとります。

では、なぜリーダーになったRさんはやる気をダウンさせてしまったのでしょうか?

ここでまず、介護リーダーに求められる役割について考えていきたいと思います。介護リーダー研修でリーダーのみなさんに、実際にみなさんに他スタッフや上司が求めている役割とは何だと思いますか? とうかがいます。そうすると、次のような答えが返ってきました。

・スタッフの指導・育成
・スタッフの不安や不満を解消すること
・全体をまとめて引っ張っていくこと
・スタッフのシフト作成・管理
・現場での介護スタッフとしての業務
・看護職やケアマネジャー（他職種）との連携係
・ご利用者、ご家族との連絡窓口、苦情相談窓口
・制度等の理解や実地指導や監査の対応係
・スタッフの勉強会や各ミーティングの運営や連絡調整
・ご利用者の送迎係
・スタッフと上司との仲をとりもつ係
・稼働時間の調整、利益率の計算・管理
・新規獲得営業
・営業用パンフレットの作成
・制度上必要な書類作成（ケアプラン、介護計画書、個人情報保護に関する書類など）
・求人広告の原稿作成

・季節の催しの司会進行
・名刺作成
・保険請求業務……など。

細かく言えばキリがないほどで、実際にはもっと出てくると思います。他のスタッフや上司から求められるもの、求められているとRさんが感じているものを提供するという姿勢のRさんは、リーダーになった当初は、相手に求められているものに対応しようとしていたはずです。

しかし、これだけの業務について、求められた通りに実行できる人は稀ではないでしょうか。なぜ、できなくなるのか？　その答えは簡単です。時間的にも気持ち的にも余裕が持てなくなるからです。人は、自分の安心・安全を守るのが基本です。そうすると、相手から非難されているわけでもなく、何も言われていなくても、Rさんは求められているものが提供できない言い訳をしたり、他人のせいにしたりします。

そうなると、もともと貢献意欲の高いRさんは、そんな自分に嫌気がさし、「こんなはずじゃなかったのに！」と思うようになります。求められているものを提供できない↓提供したいけれどできない↓他人のせい環境のせい↓言い訳をしている自分が嫌↓自分のことが嫌い↓こんな思いをするのは他人のせいだ↓自分に求めてばかりいる他のスタッフも上司も嫌

あなたの一日の業務内容

①スタッフが行なうべきこと　②スタッフと一緒に行なうこと
③スタッフでもできること　④リーダーにしかできないこと

午前の業務	

午後の業務	

い→仕事が嫌だ→こんなはずじゃなかったのに！　といった負のループができ上がります。では、何を改善したらいいのでしょうか？

解決策

　まず、あなたが日常行なっている業務を書き出してみてください。パソコンのスイッチを入れるとか、シャッターを上げるとか自転車を揃えるなど、リーダーであるあなたが日常行なっていることを細かくすべて書き出してみてください。ここをおざなりに書き出してしまうと元も子もないので、しっかりと考えてすべてを書き出してみてください。そして書き出せたら、その業務を「リーダーにしかできないこと」なのか、「スタッフが行なうべきこと」なのか、

「スタッフと一緒に行なうこと」なのかを区別してください。

それが書き出せたら、その表をスタッフや上司と共有してください。「そんなことをしたら、リーダーのくせに！ と言われそう」と思われる方がいらっしゃるかもしれませんが、ここで考えてください。書き出したものすべてをあなたが継続できますか？ 今のままでモチベーションが保てますか？ ここで悩むのであれば実行してください。これは、リーダーであるあなたのためでもあり、他のスタッフの成長のためでもあるのです。

スタッフがリーダーに頼りきることをやめて、自分で考えて実行するといった主体的なスタッフを育て、スタッフとともに成長できるリーダーを目指すのであれば、まずリーダーであるあなたが行動を起こしてください。

4 「お年寄りと話すのが好き」なのに、リーダーになったら、ますます話す機会がなくなった

事例

特別養護老人ホームのユニットリーダーになったEさんは、子どもの頃から祖父母と一緒に暮らしていたこともあって、高齢者が身近な存在でした。祖母が病気になって身体が不自由になってからは、自宅にヘルパーが来るようになり、祖母に対して優しく話しかけたり、祖母の身体面だけではなく精神的な面でも支えになっているヘルパーを見て、自分も「将来は介護士になりたい」と思うようになりました。

Eさんは、施設のご利用者が「今日は楽しかった」と思ってもらえるような関わりを持てるようなコミュニケーションを大事にしています。施設長から、ユニットリーダーにならないかと言ってもらったときには、自分のステップアップのために必要だと快諾しました。

しかし、実際にユニットリーダーになってみたら、理想とのギャップに驚き、「もともと、お年寄りと話すのが好きだから介護士になったのに、ますます話す機会がなくなった！」と嘆いています。

介護リーダーになると、現場での業務が少なくなり、記録や書類を作成するなどのデスクワークが加わります。そうなると、現場での業務が好きで介護職になった人は、Eさんのように「リーダーになったばっかりに、ご利用者と接する機会が減った。元の現場に戻してください」と訴えるようになります。

ご利用者と接することが好きなのも現場の実務が好きなのも、とても大事なことですが、本書では介護リーダーとスタッフがともに成長していける、前進していける方法をご提案したいと思います。まず、あなたに考えていただきたいことは、「リーダー業務＝ご利用者との対話が減る」と考えていませんか？ むしろ私は、リーダーになるとご利用者との「会話の質」は向上すると考えています。

現場でのご利用者との会話の場面を思い出してみてください、現場でのご利用者との会話は、トイレ誘導のとき、食事介助のとき、更衣介助のときなどの業務内での会話がほとんどだったのではないでしょうか。現場での会話は、一言二言交わす程度だったはずです。リーダーになった今は、現場に出る機会が減ったために、ご利用者と接する機会が減り、ご利用者との会話が減ったと考えられます。

しかし、リーダーであるあなたは、ご利用者との会話の時間を自分自身で設けることが可能なのではないでしょうか？ 前項の問題を解決したあなたなら、時間に余裕が生まれるはず

問題にとらわれている状態から外に出す

「あなたと同じような悩みを抱えている人に、あなたがだったらどんなアドバイスをしますか？」

です。むしろ、リーダーとしてご利用者に声をかけて、声の調子やトーン、顔色などを観察する会話の時間をつくることは、リーダーに求められる業務なのではないでしょうか。

　では、どうしたらご利用者との会話の時間を設けることができるのでしょうか。「時間が空いたときに話しかけよう」と考えても、空いた時間などできません。あなたが、ご利用者との会話の時間をつくるのです。

解決策

　あなたの1日のスケジュールの中に、ご利用者との会話の時間を組み込んでみてください。1日で、施設のご利用者全員と会話をすると考える必要はありません。1ヶ月単位で考えてみてください、リーダーであるあなたが、何ヶ月も会話していないご利用者がいないかどうか。もし、心当たりがあるのであれば、それこそ問題です。

次に、「リーダー業務＝ご利用者との会話が減る」という公式になってしまうのかを考えていきたいと思います。人はうまくできないことがあると、自分を守るために防御します。つまり、自分のせいではなく、他のスタッフが悪い、環境が悪いと自分自身を守るのです。これは、以前の私がやっていたことです。

この状態は、自分では気づきにくい状態です。なぜなら、問題にとらわれてしまっている状態は、右図のような状態であり、いくつもの問題に囲まれている状態と言えるからです。うまくいかないのは、あの人がこんなことをしたからだ、会社が新しいシステムを導入したからできないんだ、もっと大きな会社だったら新規獲得できるのにといった、いくつもの問題に囲まれている状態です。これでは広い視野で考えることはできません。いくつもの問題の箱から抜け出し、広い視野で考えるために問題にぶつかったら、この問いの答えを考えてみてください。

質問　「あなたと同じような悩みを抱えている人に、あなただったらどんなアドバイスをしますか？」

5 介護リーダーのあいまいな言葉が現場の混乱を招く!?

事例

有料老人ホームでユニットリーダーをしているKさんは、前職はメーカー勤務で部下を数人抱えるエリアマネージャーでした。そのため、組織内での立ち振る舞いや役割も熟知しており、また部下育成の経験値も高く、本部からは施設スタッフの指導・育成を期待されていました。そんななか、本部へ匿名の手紙が届きました。手紙の内容は、Kさんの態度が本部の人がいるときといないときでは大きく違い、施設のスタッフのことをバカにしているという苦情でした。

この手紙を受け取った本部は、スタッフ全員に対して個別面談を行なうことにしました。面談の中で出てきたことは、Kさんが専門的なビジネス用語を使うので何を言っているのかわからないという問題がありました。

具体的には、本部からの伝達事項や法改正の説明などの際に訳のわからない英語を使って話すので意味がわからず、聞き返すとKさんが鼻で笑ってスタッフをバカにしているというのです。

介護職は、年齢も経歴もさまざまです。そのせいか、前職のときに当たり前のように使っていた言葉を介護現場でもそのまま使ってしまう介護リーダーをよく見かけます。

たとえば、「介護計画の変更を受ける時には、**エビデンス**を残すようにしてください」、「明日の**タスク**をホワイトボードに書き出しておいてね」、「いい提案だと思うけど、もう一度**ブラッシュアップ**してみよう」、「次回のミーティングの**アジェンダ**を共有したいと思います」などです。

前職では共通言語だったため、つい使ってしまうのでしょうが、さまざまな年齢や経歴のスタッフがいる介護現場では、カタカナ英語は使わないほうが賢明です。日本語であっても相手の受け取り方は違います。ましてやカタカナ英語となると、訳も微妙に違うし、使っている人たちの認識も微妙に違う場合があります。また、介護の現場ではカタカナ英語など使う必要がありません。

コミュニケーションを機能させるには、自分が使っている言葉の意味と相手が受け取る意味が一致して、初めて意思疎通ができているということになります。あなたのチーム内で共通認識があるかどうかが大事なのです。

たとえば、「大勢」と言われると何人ぐらいを思い浮かべるでしょうか？　研修中に聞くと、

「10人くらい」「50人くらい」「１００人くらい」「20人くらい」と、人が思う「大勢」にはズレが生じることがわかります。なので、リーダーが「明日は地域の方が大勢、見学に来られます」という表現をしてしまうと、スタッフの受け止め方にズレが生じます。

また、「急いで、これやっておいてね」って言ったときの時間軸も、人によって違います。瞬時を思い浮かべるスタッフもいれば、数分というスタッフもいます。さらに、１〜２時間を思い浮かべるスタッフもいるし、２〜３日というスタッフもいます。

リーダーがよく言ってしまうのが、「今日中にやっておいてね」という言葉でも、受け止め方は違います。察しがいいスタッフだったら、「リーダーが今日中にと言うことは、今日中に評価をするんだな。そのためには、15時くらいには仕上げておかないといけないな」と思う人がいるかもしれません。また、他のスタッフは、「今日中ってことは、終業時間の18時に終わらせればいいんだな」と考えるかもしれません。さらに、「今日中ってことは、深夜24時でいいんだな」という人もいれば、「今日中ってことは、明日の朝一番に提出したらいいんだな」と翌朝を目指す人もいます。このように、言葉の受け止め方は人によって違うのです。人は、自分なりの見方で言葉の意味をとらえます。百人いたら百通りの受け取り方をします。「人は違う」という前提から入らないとリーダーシップは間違ってしまいます。

チーム内の共通認識

「情報の共有化」 ➡
「地域No.1施設(事業所)」 ➡
「ご利用者本位のサービス」 ➡
「まごころのこもったサービス提供」 ➡
「家庭的雰囲気」 ➡
「○○さん(ご利用者)らしさ」 ➡
「連携の強化」 ➡

解決策

介護現場では、「情報の共有」という言葉もよく使われますが、「ご利用者の食事がキザミ食になったことを共有しておいてね」と言っても、あるスタッフは連絡ノートに記入して完了。また、あるスタッフは同じフロアのスタッフに口頭で伝えて完了。さらに、あるスタッフは朝会のときに皆で共有して完了と考えます。このように、さまざまな受け取り方をしていたのでは、情報の共有はできません。

他に、介護現場でよく使われる言葉として、「情報の共有化」「地域ナンバーワン施設(事業所)」「ご利用者本位のサービス」「まごころのこもったサービス提供」「家庭的雰囲気」「○○さん(ご利用者)らしさ」「連携の強化」……ここに挙げた言葉だけでも、スタッフ全員で共有するのは至難の業ではないでしょうか。あなたのチーム内で共通認識があるか確認してみてください。

6 2章のまとめ

「介護リーダーの役割で一番大切なことは何ですか？」と聞かれたらあなたは何と答えますか？

私は、介護現場において、介護リーダーはご利用者の代弁者であるということに尽きると考えます。

介護現場で働いていて、何が一般の業種と違うのかと言うと、スタッフ自身が自分の提供するサービスに対しての良し悪しが判断しにくい点にあると思います。

たとえば、ウエイトレスがお客さんにお水をこぼしてしまったら、お客さんが、その場でウエイトレスを怒ったり、「いいよ、いいよ」と言いながらも表情が曇っていたり、また、対応がいいと「ありがとう」と言ってくださったり、笑顔になってくれたりします。

こちらのサービスの良し悪しは、お客さんの反応を見れば判断できます。そうすると、スタッフはお客さんの反応を見てその場で「反省」したり、「やる気」になったりできるのです。

ここが、介護現場では難しいのです。

介護現場では、介護リーダーがご利用者の代弁者となって、「今の誘導は危険だよ」「さっきのお声がけは配慮に欠けているよ」「今の言葉づかいは失礼だよ」「ここに書いてあることは何のこと?」と、ご利用者の代弁者となってスタッフに反省する機会を与えます。

そして、よい対応についても、「食事介助のお声がけのタイミングがいいね」「拒否が続いていた○○さんが入浴されたのは、あなたの誘導の仕方がよかったのね」と、ご利用者の代弁者となってリーダーが声をかけることによって、「今のやり方でいいんだ」とスタッフが実感でき、自分のやっていることに自信が持てます。「自信」を誰の評価も受けずに自ら創造できる人はなかなかいません。介護スタッフが、いつまでたっても自分の仕事に自信が持てないのは、自分がしていることに対して「これでいいんだ」という確信が持てないところにあります。

そうすると、自信がないスタッフは、自分で考えて行動するということをしなくなり、誰かの指示がないと動けない、指示したことしかしないスタッフに育ってしまいます。

また、自分の仕事への即効性があると楽しいと思うのですが、介護現場の場合、目に見える身体状態の変化はさほどありません、反応も少しずつ衰えていくといった状況ではルーチンワークになりがちです。だからこそ、日々のリーダーからの声がけはスタッフのモチベーション維持に欠かせないのです。

介護リーダーの一番重要な役割は、ご利用者の代弁者となってスタッフへ返すことです。

そのためには、時間的な余裕も精神的な余裕も必要です。リーダーが目の前のことでいっぱいいっぱいになっていたのでは代弁者にはなれません。ご利用者の代弁者になるために、本章で挙げた解決策を実践してみてください。

3章

指示・指導

ベテランのスタッフに指示・指導ができないのはなぜ?

1 「ご利用者は喜んでくれているから」の殺し文句でチームケアを乱すスタッフ

事例

スタッフのAさんは、52歳で介護福祉士の資格を持っています。介護職としての経験は、1年前から当該施設でパート勤務している他は、介護老人保健施設で約3年間の経験があります。

介護技術面では問題はないのですが、Aさんは、ついつい介護計画以上に手を出してしまう傾向があります。とくに食事や入浴介助など、他のスタッフが見ていないところで、すぐ介助してしまうので、ご利用者の中には、「親切に食事や入浴の介助をしてくれるのはAさんだけだ」と言われるようになり、Aさん以外のスタッフが担当することを拒む方も出てきて、他のスタッフに対しての信頼が失墜している状態です。

他のスタッフからは、「Aさんが、過剰サービスをするから、やらない私たちが悪者になってしまうじゃないですか」「介護計画以外のことをしているAさんを注意してください」とスタッフ同士の仲もギスギスしている状況です。

ユニットリーダーのUさんは、この状況を何とか改善したいと思っていますが、Aさんに注意して辞められたら困ると思うとなかなか言い出しにくく、Aさんの過剰サービスを目撃しても見て見ぬふりをしていました。

そうすると、他のスタッフからは「正しいことをしている私たちが、悪者になるなんて耐えられません」という不満の声があがり、他のスタッフが「辞める」と言い出しました。

介護計画以上の仕事をしてしまう「我流」ヘルパーがいてチームワークが乱れる。そして、そんなスタッフに限って、「ご利用者は喜んでくれているから……」の殺し文句を連発し、実際にご利用者からは好かれていて稼働時間は100時間を超えているため、担当変更しようものなら、ご利用者からクレームが入ることが予想されます。注意して辞められたら困るから、注意もできません。このようなケースで、頭を抱える介護リーダーは多いのではないでしょうか。

誰が担当しても同じレベルの仕事ができるように介護計画が存在するのですが、ご利用者の状態や状況によって柔軟な対応をしなければならない場合もあります。しかし、この事例のAさんは柔軟な対応のうちに入らない過剰なサービスをしてしまうのです。

そのことで、ご利用者は言うことを聞いてくれるスタッフを「優しい人」と勘違いして好むようになります。人間関係の仕事としては、永遠のテーマかもしれません。

現場のスタッフには、「好かれたい」「喜ばれたい」「誉められたい」「仲間に差をつけたい」という想いで動いてしまう人がいます。このような気持ちでご利用者と接しているスタッフは、ご利用者の要望が強くなると負担を感じ、ご利用者を「ワガママ」と愚痴りはじめるようになる傾向があります。そうすると、自分は担当したくないと言い出し、後任スタッフは「我流」ヘルパーが行なっていた過剰サービスを断ることができず困ることになります。

では、割り切ったサービス提供をしていたらいいのかと言うとそうではなく、先にも言いましたが、ご利用者の状況や状態によっては、介護計画にないことでも行なわなければならない場合もあります。その見極めが難しいのですが、このようなケースの場合、まず介護計画を一緒に確認しながら、「なぜ、そのサービスが必要か」、「なぜ、そのサービスを行なってはならないか」の根拠を示し、スタッフに必要性を納得させる必要があります。

また、本当に必要な支援ならケアマネジャーと話し合い、適正かつ柔軟な対応としてプランに組み込んでもらう必要も出てきます。

介護はチームケアです。スタッフ1人でできることには限りがあります。介護の仕事は「継続」を前提に、「今」を生きている人に喜びを与えるものだと考えると、よいサービスを自分がどれだけ頑張っても、他の人の協力がなければ続けることはできません。自分が休みのときもあるし、シフト勤務だからいない時間帯だってあります。自分だけがよいサービスを提供していても、そのときだけでは継続できないことがほとんどです。仕事はチームで同じレベルが理想です。レベルを同じにするということは、チーム内での意思疎通を図られなければいけません。

よくも悪くも、特定のスタッフが気に入られる理由はどこにあるのか、介護リーダーは要因を把握していなければなりません。個人の資質なのか、技術的なことなのか、馴れ合い的なものなのか、上手な引き継ぎにより改善できるものか……慣れたら変わりたくないのがご利用者の誰もが持つ当たり前の心情ですが、顔見知りのスタッフが休んだときのために交代要員が必要であることも事実です。

「我流」ヘルパー個人を責めて終わりでは、対策にはなりません。過剰サービスを行なってはならない理由が納得できていないのであれば、今後も同様の問題を繰り返すかもしれません。

また、「我流」ヘルパーの代わりに、他スタッフに担当代えをしても、一度行なっていたサービスを断ることができずに、「我流」ヘルパーが増えていく結果につながります。

解決策

以下の5項目を、チーム全体で共有して共通認識を持つことからはじめましょう。

①過剰サービス提供時に事故が起こった場合の責任問題

②不適切なサービス提供は報酬返還対象であることを認識する
③過剰サービスを行なうことによって、ご利用者の「自立」を妨げる要因になっている
④チーム全員で、「なぜ、このサービス提供が必要なのか?」の根拠を考える
⑤このサービスを提供することで、どんな結果をもたらしたいのかを考える

とくに、⑤このサービスを提供することで、どんな結果をもたらしたいのか? という問いを常に頭に置くことで、その先を考えられるようになります。つまり、食事介助のサービスであれば、食事介助を完了することが目的ではなく、食事介助を行なった結果、「ご利用者の心身の状態を健康に保つことができる」「楽しみのある生活が送れる」「食事を楽しむことで、意欲の向上につながる」ことなどが考えられます。このケアが、ご利用者のどのような状態を目指しているのかを考えるのです。

たとえば、「楽しみのある生活が送れる」ことを目指すのであれば、スタッフ自身がどんなお声がけをすべきなのか、どう振る舞うべきなのかを考える機会を、介護リーダーは与えていただきたいのです。食事介助を完了することが目的になっているスタッフと、その先を考えられるスタッフではまったく違います。ぜひ、この質問を投げかけてみてください。

質問　このサービス提供することで、どんな結果をもたらしたいのですか?

2 入浴介助はどこまでが仕事なのか!? いきすぎた洗身をするスタッフ

事例

訪問介護事業所で主任を務めるHさんは、年配の女性スタッフYさんと20代前半の女性スタッフRさんの間に入って困っていました。YさんとRさんは、あるご利用者宅へ週に1回、週交替で入浴介助サービスのために訪問していましたが、2人のケア方法が違うと、ご利用者からクレームになったのです。

内容を聞いてみると、ご利用者は男性で右片麻痺、座位が保てず、ベッドからシャワーチェアーに移乗し、ご自身が洗身できないところを介助するというサービスなのですが、年配のYさんは、陰部ケアの際、亀頭部の包皮をずらして洗うのは清潔を保つために必要だとか、若いRさんは、包皮をずらすのはいきすぎたケアで、自身で洗えるのであれば、ご利用者自身で洗ってもらうことが自立支援だと、お互いに言い合っていました。

また、サービスに入る前にRさんはYさんに同行訪問したときには、そんなことは教えてもらっていないと憤慨しています。

本来であれば、男性ヘルパーが対応するケースなのですが、事業所に男性ヘルパーがおらず、曜日や時間帯的にYさんとRさんしか対応できないケースで、主任のHさんは困っていました。

実際に、この事例のカンファレンスに私も参加したのですが、「ずらす」「ずらさない」の言い合いで、今になって客観的にみると笑ってしまうような話なのですが、介護現場における事故原因やクレームで多いのが、「スタッフによってケアの方法が違う」というものです。

この事例のケアの違いは危険とまではいかないかもしれませんが、立位が困難な方の車いすへの移乗介助やトイレ誘導は、転倒事故につながる可能性があるので、ケアの方法を統一することはとても大切なことです。

あるスタッフは一部介助なのに、あるスタッフは全介助している。あるスタッフは右から介助し、あるスタッフは前から介助する。ケアの方法が異なると、ご利用者も戸惑うし安全なケアはできません。基本は同じ方法でケアを統一するのがベストです。

この事例の場合、RさんはYさんに同行訪問してサービス内容を教えてもらっているのですが、Rさんは「そんなことは聞いていない」、Yさんは「ちゃんと教えた」ということが出てきています。「聞いた」「聞いていない」という話はよくあることですが、なぜ、このようなことが起こるのでしょうか?

外から入ってくる情報を、私たちは5つの器官で受信しています。いわゆる五感と言われるものです。目の「視覚」。舌の「味覚」。耳の「聴覚」。鼻の「嗅覚」。皮膚の「触覚」です。

解決策

学習のスタイルのひとつとして、利き感覚という視点があります。私たちは、感覚器官、つまり五感(目・耳・鼻・舌・皮膚)を使って自分のまわりの環境について理解します。

そして、右利き、左利きとふだん使いやすい利き手があるように、人によって得意な利き感覚も違うのです。それは、どの感覚を通して物事を認識しているかということにつながります。

以下の簡単なテストをやってみてください。

次頁の図のA~Dで、自分に当てはまると思う項目をチェックしてください。チェックが最も多いカテゴリーが得意な利き感覚になります。

各スタイルの特徴をあげますが、あくまでヒントなので、それだけにとらわれずにひとつの特徴として活用してみてください。

【A 聞いて学習するタイプ】 聞いて学習することが得意なタイプです。このタイプの人は、すべてを聞いてからノートをとるということをします。リーダーがこのタイプの人に何かを

学習スタイルチェック✔

【A】	【B】
□講義を聞きながらメモがとれない □声を出して読んだほうが内容が入ってきやすい □一度、聞いたことは、そのまま繰り返すことができる □電話で雑音や騒音が入ると集中できない	□実際に行動するよりも、考えているほうが楽しい □自分なりの資料や講義のまとめ方がある □根拠となるデータがないと、信憑性に欠けると感じる □自分の気持ちを表現するのに時間がかかる

【C】	【D】
□講義を聞くだけではなく、実際にやってみたほうが理解しやすい □実際に自分で調べていく過程で理解していく □体を動かしたり、物を作ったりすることが得意 □話をしているとき、擬音をよく使う	□ちょっとしたことでも、メモをとっておく習慣がある □記憶するときはイラストや図を映像で憶える □人の顔の表情や服装、身につけている物に目が行きやすい □教えられなくてもマニュアルがあれば、たいていのことはできる

教えているときにノートをとっていないからといって「ノートにとりなさい！」などと叱ってしまうと、それに気をとられて頭に入ってこないということになります。

【B　言葉を使って学習するタイプ】学んだことを誰かと話し合うことで、より理解を深めることができます。事例発表の場や学習した内容を発表する機会があれば、より学習意欲が増すタイプです。学んだことは、自分なりのまとめ方をするため、他の人がこのタイプの人のノートを見てもあまり参考にならないことがあります。そのため、会議の議事録をこのタイプにお願いするのは適任ではありません。

【C　体験して学習するタイプ】自分が体験しながら学ぶタイプです。座学ではまったくといっていいほど身につきません。電気製品などの取扱説明書を読まずに、とりあえず電源を入れてみたりします。集中力に欠けるので、勉強するときには、小まめに休憩時間を取るようにしましょう。介護職に多いのがこのタイプです。

【D 見て学習するタイプ】 実務においても、マニュアルを見ながらの学習が得意なタイプです。マニュアルもイラストやチャート、グラフなど図形を見ながら学習していきます。言葉で出される指示は、なかなか覚えられないのが特徴です。このタイプに指示を出す場合、なるべく紙に書いたほうが伝わりやすいでしょう。

いかがだったでしょうか? 以前、私がスタッフ育成に悩んでいたときに得意な利き感覚をヒントにしたことで、スタッフの仕事の覚えが早くなり。本人たちも楽しく学んでいた印象でした。誰にでもすべての感覚があります。「このタイプだ」と枠にはめてしまうのは危険ですが、得意な利き感覚を理解することで、自分のスタイルを知り、相手の学習方法を知ることで、時間のない中でも効果的に学ぶことができます。

3 「私はやっています！」権利ばかりを主張するスタッフ

事例

有料老人ホームで働くスタッフのTさんは、常日頃からユニットリーダーや施設長、ひいては法人に対する不満を他のスタッフに吹聴し、またことあるごとに、「私はやっています！」と権利ばかりを主張するため、ユニットリーダーのBさんは困っていました。

先日、当該施設の介護ソフトの変更があり、全職員を集めての合同説明会があった際にも、Tさんは同僚に「今度のソフトに、何で変更になるのか理解できないわ。前より改善されるのかと期待していたら、ますます使いにくくなっているし、誰が決めたのよ！　結局、上の人たちは現場の私たちの苦労を知らないのよ！　それに、お給料だって安すぎると思わない？　△○□施設の人に聞いたら、お給料の額が比べものにならなかったわ！　それにスタッフが少なくて仕事がきついし、休みも取れない。それなのに、ユニットリーダーからは、〝人がいないから我慢して〟とばかり言われるし、私は我慢してやっているわよ！　だいたい、新入社員で入ってきた介護福祉士のほうがお給料がいいって納得できないわ。何もできないくせに、私のほうが気も配れるし仕事ができるのに！」

リーダーであるあなたからすると、「全然できていない」と思っている少し困ったスタッフに限って、「私はやっています!」と主張してくることはないでしょうか? 権利ばかりを主張してくるスタッフ、何に対しても否定的・批判的なことばかりを言うスタッフの心理は、どんなものなのでしょうか?

物事には「裏と表」があります。人にもまた、裏と表ともいえる長所と短所があります。この長所と短所は別々のものと思われがちですが、ある人にとっては長所でも、ある人からすると短所にもなるものです。長所と短所は一対なのです。

たとえば、私の研修では物事の捉え方を考えるために、自分の短所を隣の席の人に長所に言い替えてもらうといったことをしてもらいます。たとえば、「短気」「頑固」「優柔不断」「口下手」「飽きっぽい」などが、隣の席の人からすると「短気→情熱がある」「頑固→信念がある」「優柔不断→慎重」「口下手→聞き上手」「飽きっぽい→切り替えが早い」となったりします。

自分自身で長年、短所だと思い込んできたことを、いきなり長所に変換することは難しいかもしれませんが、あなたが自分で短所だと思っているところ、嫌いなところ、直したいところ、苦手なことを書き出してみてください。そしてそれを他のスタッフに、長所に言い替えてもらってください。

短所を長所に変換する！

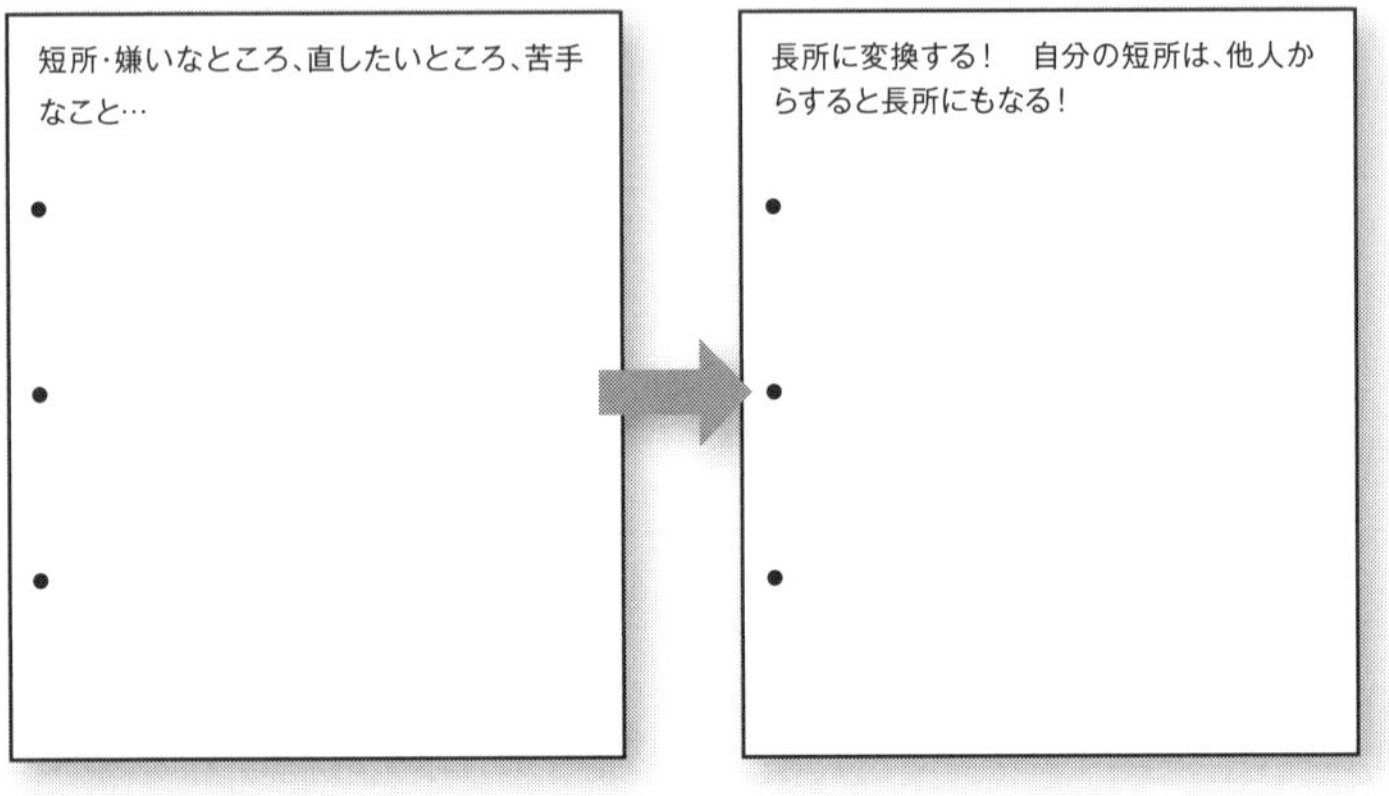
短所・嫌いなところ、直したいところ、苦手なこと…
長所に変換する！　自分の短所は、他人からすると長所にもなる！

いかがでしたか？　自分自身では気づけなかった意外な発見があったのではないでしょうか。

つまり、ひとつの「短気」という性格でも、他人からするとまったく違う「情熱がある」という性格だと受け取ることができます。「裏と表」で一対だと考えると、否定的・批判的なスタッフは、物事の「裏の側面」から見ることが得意なのかもしれません。

では、なぜ何でもかんでも否定的・批判的なことを言うのでしょうか？　外側から見える現象としては、「否定・批判」ですが、その内面としては「認められたい」という「承認欲求」があると考えられます。

というのも、人の行動には、その人にとっ

短所⇨長所

怒りっぽい→感情表現が豊か	計画性がない→土壇場に強い
口うるさい→思いやりがある	存在感がない→適応能力がある
口下手→おくゆかしい、聴き上手	神経質→几帳面
面倒くさがり→ゆったりしている	流行りに疎い→流行りに流されない
優柔不断→慎重	厚かましい→素直
自分の意見が言えない→周囲の動きを観察できるサポート役	身長が低い→小回りがきく
頑固→ポリシーがある、信念がある	疑い深い→慎重
短気→情熱がある、集中力がある	落ち着きがない→好奇心旺盛、行動力がある
整理整頓ができない→おおらか	出不精→インドア派
続かない→瞬発力がある	鈍感→打たれ強い
飽きっぽい→切り替えが早い、決断力が早い	悲観的→思慮深い
気分にムラがある→素直	内気→落ち着いている
字が汚い→個性的、芸術的	図々しい→フレンドリー
浪費家→経済に貢献している	うるさい→元気がいい
太っている→ふくよか	おしゃべり→社交的
人見知り→慎重、謙虚	しつこい→ねばり強い
愛想が悪い→他人に流されない	人に合わせ過ぎる→協調性豊か

ての何らかの「肯定的な意図」があるからです。「否定・批判」もその人にとっては、何らかのメリットがあるということです。たとえば、「認められたい」→「自分を優位に立たせたい」→「自分のほうが優れていると思われたい」→「相手が困っていると、自尊心が満たされる」などが考えられます。

こういう内面を持っている人の意見に反論してしまうと、その人が持っている「相手を否定・批判することで承認を得たい」という目的を妨害することになります。すると、相手はもっと否定・批判を強めてくるというループにはまります。

では、こういう否定・批判ばかりする人と、どのようなコミュニケーションを取ればいいのでしょうか？　「これが正解！」というものはありませんが、否定的・批判的な意見に対抗するのではなく、まずは受け止めるのです。たとえば、「なるほど、そういう考え方もあるんだ」という具合です。もともと、人は違う価値観を持っているので意見が違うのは当然です。

解決策

同意ではなく、肯定する、受け入れる。私たちが間違えやすいのは、肯定と同意が同じだと思っていることにあります。「君は、そう思っているんだ」「そういうふうに考えているんだ」というのは肯定です。「私もそう思う」というのが同意です。スタッフの言うことに、そうは思わないことや違うなということ、それに対して「違う」というのは否定です。肯定＝同意ではありません。

「スタッフの言うことを全部、肯定なんてできませんよ」と言う人がいるのですが、いったん肯定する、受け入れてから、自分の意見を言う。「君はそう思っているんだ。私はこう思うよ」

私がリーダーだった頃、何かにつけて否定的・批判的なスタッフに対して、「なるほど。そんな見方もあるんだ。そういう側面があるってことは、反対のプラスの側面ってどんなふうに考えられるかな？」と、否定的・批判的なスタッフにプラスの側面を一緒に考えてもらっていました。

最初は、「プラスの面なんてありませんよ!」と言っていたスタッフも、しだいに一緒に考えてくれるようになりました。マイナスの面だけではなく、プラスの面もあるんだと気づくだけでも物事に対する捉え方は変わります。

質問① 否定的・批判的なスタッフの肯定的意図は何だと思いますか?

質問② どんな(内面の)要因から、権利ばかりを主張するのだと思いますか?

4 「私は歳ですから……若い人に言ってください」年齢を盾に仕事の選り好みをするスタッフ

事例

グループホームに勤めるYさんは、57歳の介護福祉士です。介護職としての経験も8年間と長く、穏やかな人柄が他のスタッフやご利用者に安心感を与える存在です。ただ、腰痛があり※**トランスファー**を避けることがたびたびありました。

そんなある日、先月入社した新人スタッフから、「Yさんは年齢や腰痛を理由にトランスファーや車椅子介助、更衣介助などを率先してやってくれません。リーダーからYさんに言ってください！」と、Yさんに対する不満の声がありました。ユニットリーダーであるWさんは、Yさんにまず腰痛の症状について聞いてみました。すると、Yさんは「腰痛は今のところ問題ないんですけど、あと3年もすると定年退職になるし、無理をして腰痛を悪化させたくないんです。それに、若い人に仕事をどんどん覚えていってもらったほうがいいと思うんです。私は歳ですから……」と話しました。

ユニットリーダーのWさんは、ふだんから穏やかで人当りもいいYさんに「年齢のことを理由にしないでください！」と厳しいことも言えず、しかし、他のスタッフが言っていることもわかるし、間に挟まれてどうしていいかわからず悩んでいました。

（※トランスファー⇒移乗動作のこと。車いすと便座、浴槽、ベッドなど、同一平面でない場所への移動動作をさす）

スタッフの年齢でお給料に差があるわけではなく、年齢を理由に仕事の選り好みをすることは許されません。介護現場では、年齢が上だからといってベテランというわけではなく、年下だからといって新人ということもありません。介護職は年齢も経歴もさまざまです。

ただ、仕事をする上で年齢は関係ないといっても、年上の人を敬うということは、介護職として当然に身につけていなければならない態度です。現場で年上のスタッフに命令口調で指示や指導をしたり注意している光景は、見ていて気持ちのいいものではありません。

しかし、この事例のように「私は歳ですから……若い人に言ってください」と言っているYさんの言い分だけを聞いていたのでは、必ずチーム内に不平不満が出てきます。チームワークを維持・形成するためにも、年齢を理由に仕事を選り好みすることは避けなければなりません。

実際に当時、私がこの事例で引っかかったのは、「若い人とは何歳の人のことなのか?」ということでした。「私は歳ですから……」と言うYさんも、ご利用者からすると若い人です。実際に、この事例のYさんに「若い人って何歳の人のこと?」と聞いてみたところ、「えっと……私より若い人のことです」と返ってきました。「Yさんよりも年配のスタッフもいますけど、その方のことは年寄りだと思っているということですか?」「いえ、そんなことはないのですが……、私は歳なので……」と、また曖昧な答えが返ってきました。

前項の「私はやっています!」と権利ばかりを主張するスタッフにも言えることですが、「やっている」の基準はどこにあるのでしょうか? ここを曖昧にしていると話が少しも前に進みません。

リーダーであるあなたが「やっている」は、ここまでだとハッキリと示すことです。「私はやっています！」と言うスタッフの仕事が、あなたから見てできていないのであれば、「あなたの『やっている』は、私にとってはまだ未達成ですよ」と伝えることです。「私はやっています！」と言っているスタッフは、そのスタッフにとっては「やっている」のです。「私は歳ですから」と言っているスタッフにとっては、「私は歳なのです」。ここの基準のすり合わせをしないと前には進むことはできません。

まず、お互いの基準のすり合わせをハッキリさせる必要があります。言いにくいことはサラっと言いたいと思いがちですが、それとなくサラっと言って気づくような空気の読める人であれば、仕事においても何も言わなくてもできる人です。今まで介護リーダー研修をしていて、リーダーがつまずいてしまうのは、「言いにくいことから逃げる」ことにあります。

介護リーダーのあなたが困ったスタッフに対して言いにくいことをハッキリと伝え、そして納得をさせることができれば、職場はガラリと変わります。

解決策

私は、「①相手の主張する曖昧な部分の確認」「②スタッフに期待すること」「③そのためにやってほしいこと」「④　③の答えができない場合→現状に何が加わればできるのか？ or　③の答えができる場合→今後、リーダーの私がどう関わるとより促進されるのか？」を、あらかじめ紙に書いてまとめていました。そして冷静かつ客観的に、「私はこう思う」、「こ

①：相手の主張する曖昧な部分の確認

↓

②：スタッフに期待すること

↓

③：そのためにやってほしいこと

↓

④：③の答えができない場合→現状に何が加わるとできるのか？
③の答えができる場合→今後、リーダーの私がどのように関わるとより促進されるのか？

う感じた」、「あなたはどう思ったのか？」「どう感じたのか？」を一つひとつ確認していきました。

そして、業務の合間に話そうとすると言いたいことが言えなかったり、言い忘れがあったりして、後々消化不良で後味が悪いものになってしまうため、話し合う時間をつくって一緒に納得できるまで時間をかけました。

実際には、こんな感じです。「①相手の主張する曖昧な部分の確認→Yさんにとって若い人とは具体的に何歳の人なの？ 私は、年齢は関係ないと思うんだけど」「②スタッフに期待すること→Yさんは、自分が歳だから若い人に言ってください」とよく言うけれど、私はYさんが歳だと思っていないし、若い人の手本となる存在になってほしいと思っています」「③そのためにやってほしいこと→そのために率先して仕事をしてほしい」「④　③の答えができない場合→年齢でお給料に差があるわけではないので、業務の選り好みをしてしまうとチームワークが乱れると私は思うんだけれど、Yさんはチームワークについてどう考えているの？　現状に何が加わるとできるの？」or　③の答えができる場合→これから、私がYさんをサポートできるとしたら何がある？」と、あらかじめ紙に書いて言いたいことを用意していました。

質問　仕事を選り好みするスタッフが（内面的に）守っているものは、何だと思いますか？

5　仲の悪いスタッフの悪口をご利用者に言って憂さ晴らし!?

事例

デイサービスセンターでセンター長をしているDさんは、送迎担当の2人のスタッフに困っていました。この2人のスタッフは、ほぼ同時期にヘルパー資格を取り、入社して今年で4年目の職員です。

たまたま、忘れ物を届けに来ていたご家族からうかがってわかったことですが、2、3ヶ月前から毎日、必ずといっていいほど送迎車の中でお互いの悪口を言っているとのことでした。

送迎中、ご利用者が乗車しているにもかかわらず、その日の業務中にあったお互いの悪口を、「あの人は介護力がないから任せられないんだよ。○○さん（ご利用者）は、あの人に2枚も洋服をなくされたんだよね。ねぇ○○さん」「△△さん（ご利用者）は、あの人に食事用のエプロンを購入してくれって言われたから用意したのに、後から必要ないって返却されたんだよね。ねぇ、△△さん」と、ご利用者にお互いの悪口を言い合うのです。ご利用者に職員の悪口を言うなんて、とても倫理観に反するものですが、言っている本人たちにはその意識がなく、センター長が再三注意しても、「あの人が悪いからだ」と、相手が悪いの一点張りでした。

同僚や仲間の悪口や文句を言う人には、「自分はその人よりも能力がある」、「自分のほうが優れている」ということを、周囲の人にわかってほしいという願望があるのです。だから、他の人をけなすことで、「○○さんは、こんなにダメだから自分のほうが優れている」と認めてほしいのです。

ということは、その悪口の対象の人を過剰に意識しているということですから、本心では、「自分のほうが負けているかも……」、あるいは「自分のほうが劣っているかも……」、「でも、負けを認めたくない」「劣っていると認めたくない」、という心理から、その対象者のことを悪く言っているのです。それは、自分が一番であり、その人に負けたくないという「僻み」であり、「妬み」でもあります。つまり、虚勢を張っているのです。

「他人は自分を映す鏡」という言葉があります。この言葉の意味するところは、あなたのまわりの人間関係が、あなたの現在の内面を映し出しているということです。

人はお互いに、知らず知らずのうちに影響を受けています。何も言わなくても、不機嫌な人が部屋に入ってきたら、その不機嫌な人の影響を受けて自分まで気持ちが沈んできます。また、反対に機嫌のいい人がそばにいるだけで、機嫌のいい人の影響を受けて自分も明るい気持ちになってきます。あなたも、このような経験が一度や二度あるのではないでしょうか。

私たちは、まわりからの影響を受けています。ですから仕事のことに限れば、自分のチームのスタッフを見れば、自分を客観的に評価することができるとも言えます。

研修中にこのように言うと、「うちのチームのあの人は、私がリーダーになる前からいる人だから私は関係ない」や「あの人が、仕事ができないのは私のせいではない」と言う人がいます。ここで間違えないでいただきたいのですが、私はあなたが悪いと言っているわけで

あなたの価値観がどの面を見るかで変わる

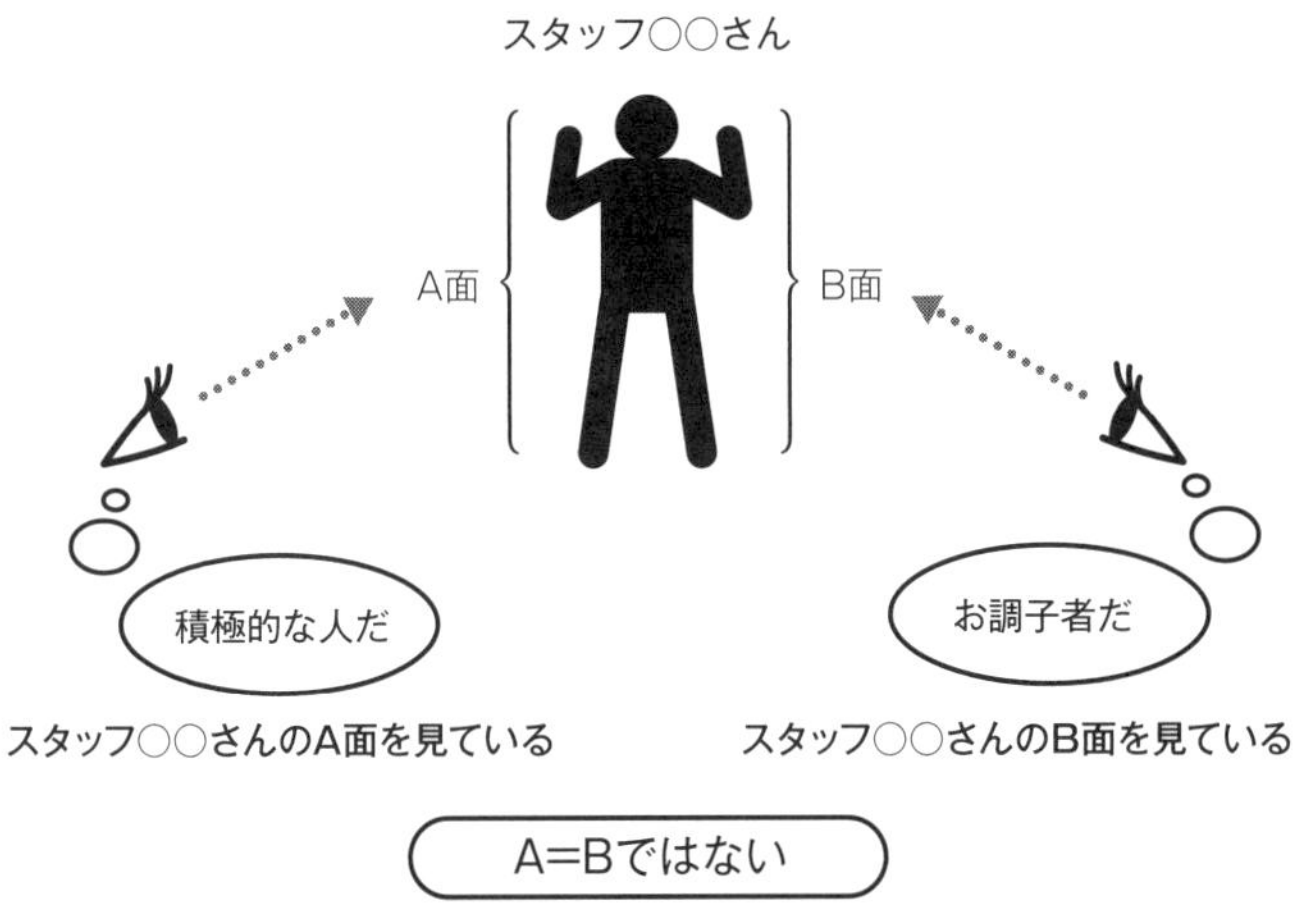
スタッフ○○さん
A面
B面
積極的な人だ
お調子者だ
スタッフ○○さんのA面を見ている
スタッフ○○さんのB面を見ている
A=Bではない

はありません。そして正確に言うと、「他人は自分を映す鏡」ではありません。

たとえば、あなたの目の前にすごく性格の悪い人がいるとして、それは、あなたの性格の悪い面が出ているのではなくて、あなたが、その人を性格が悪いと思っている、その価値観が映し出されているのです。映し出されていると言うよりは、あなたがそう見ているといったほうがいいかも知れません。「他人はあなたの価値観の鏡」――これが正解です。

私たちはよく、「あの人は短気な人だ」という一面的な表現をします。しかし、実際に、「短気な人」という人はいません。3項でもお伝えしましたが、そんな一面だけの性格を持った人はいません。ある人か

他人はあなたの価値観の鏡

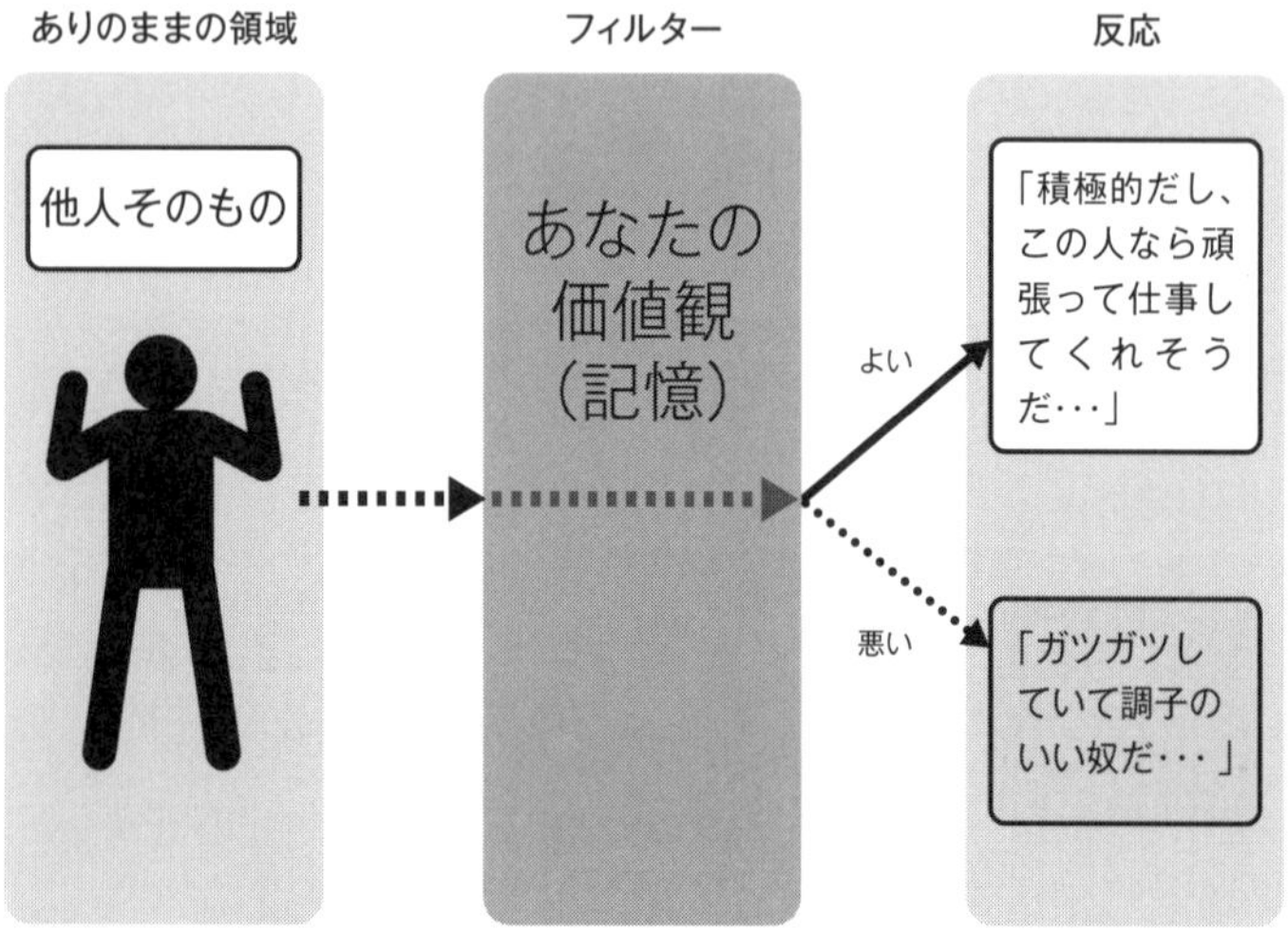
ありのままの領域
フィルター
反応
他人そのもの
あなたの価値観（記憶）
よい
悪い
「積極的だし、この人なら頑張って仕事してくれそうだ･･･」
「ガツガツしていて調子のいい奴だ･･･」

らすると、「短気な人」でも、ある人からすると「情熱的な人」にもなれば、別のある人からすると「集中力のある人」にもなります。どんな人でも、多様な側面を持っています。

あなたが頼りないと思っているスタッフも、家に帰れば奥さんから頼られる存在かもしれません。また、あなたに口うるさい上司は、娘さんにとって優しいお父さんかもしれません。あなたが担当しているクレーマーのご家族は、ご利用者本人からすると親思いの優しい家族かもしれません。

解決策

あなたが「○○な人」だと思っている、その価値観に気づいて少し緩めていくと、「他人はあなたの価値観の鏡」ですから、相手が変わったというように見えます。でも、それは相手が変わったのでありません。相手のことはコントロールできないし、変えることもできません。

同僚や仲間の悪口や文句を言うスタッフには少し視点を変える質問をしてみてください。その場で答えが出なくても、「空白」ができて必ず脳が答えを探してくれます。リーダーであるあなた自身も答えを考えてみてください。

質問① どのように働くのが理想ですか?

質問② そのように働くために(具体的に)、あなたはどんな働きかけをしますか?

質問③ 同じ問題を抱えている人がいたら、あなたは何と言葉をかけますか?

6 3章のまとめ

「スタッフの指導がうまくできない」というのは、介護リーダーにとって大きなテーマです。なぜ、「スタッフの指導がうまくできない」のかと考えると、1人の介護リーダーが複数のスタッフを指導していくという複雑な二者関係を築いていることに気づきます。リーダーとスタッフという二者の関係は、実はとても不安定なものです。職場で一日中一緒にいると、スタッフもリーダーもお互いの言動が目につき、スタッフはリーダーに対して、「この間と言ったことが違う」「自分と他のスタッフでは態度が違う」「昨日のケア方法と違うことをしている」という思いを抱き、リーダーの「臨機応変な対応」は、スタッフからすると「一貫性がない」と評されます。では、どうすればよいか？　それは、リーダーとスタッフ2名との間で三者関係を築くことです。

たとえば、リーダーが直接的に指示・指導するのではなく、先輩スタッフを教育係にしてリーダーがそれをスーパービジョン（教育）する。リーダーであるあなたがスーパービジョンするためには、指示・指導方法を伝えなければなりません。ぜひ、本章で挙げた解決策を、まずリーダーであるあなたが実践してみてください。

4章

スタッフ教育

やる気のないスタッフ、
指示待ちのスタッフの
対処法がわからない

1 何を言っても響かない、ため息ばかりのスタッフ

事例

　認知症対応型デイサービスでリーダーをしているTさんは、スタッフのUさんの勤務態度に頭を痛めています。Uさんは、ふだんから積極的に自分から同僚のスタッフとコミュニケーションを取ろうとはせず、業務を淡々とこなすといった様子でした。業務を正確にきちんと行なっているのであればいいのですが、Uさんは、62歳という年齢からか、とりあえず働けるうちは働きたいというだけで、介護に対する想いがないように感じられます。

　業務中も、「入浴介助は2日続けてはできません」「レクリエーションは苦手なのでやりたくありません」「送迎車の運転は気を遣うので嫌です」と言い出し、そのことをリーダーのTさんが「仕事のより好みはできませんよ。チームで仕事をしているのですから、Uさんだけ特別扱いはできません」と注意しても、「あぁ、そうですか。できるときにはしますよ」と、まったくやる気が感じられません。

　リーダーが不在のときには、朝出勤してきても、「休んでから掃除をしよう」と言っていると耳にしました。業務態度のことで、再三注意をすると、Uさんはため息をつき「はい、

はい」と生返事するだけです。このように、何を言っても響かないスタッフには、どうしたらいいのでしょうか？

ここでは、この事例のようにモチベーションの低いスタッフにどう対応したらいいのかを考えていきたいと思います。

テンションとモチベーションの違いは何でしょうか？　どちらも、「やる気」だと考えている人が多いのではないでしょうか？　「テンション」と「モチベーション」を混同して考えがちなのですが、この2つはまったく違うものです。テンションは、どちらかというと一時的なものです。たとえば、飲み会で一晩中盛り上がるのはテンションが高い状態です。それに対してモチベーションは、長期的なものです。テンションは一晩だけ高いということがありますが、一晩だけモチベーションが高いということはあり得ません。実は、研修を受けたときに「研修に出たときはやる気が出るけれど、現場に戻ったらやる気がなくなる」とはよく耳にすることですが、これは、研修でモチベーションが上がったのではなく、テンションが上がったということです。

たとえ研修でテンションが上がったとしても、テンションだけを上げたのでは、そのうち必ず下がります。もちろん、テンションを上げることが大事な時期もあります。たとえば、月末月初のレセプトで一番忙しい時期には、できるだけテンションを上げてやらなくてはいけないときもあります。

短い時間で成果や結果を出さなくてはならない場合は、テンションを上げなくてはなりません。でも、長期的に考えると、モチベーションを上げることを考える必要があります。モチベーションとは、目的に向けて行動を促す動機、俗にいう「やる気」「意欲」です。

自分の目的が明確で、その目的に向けてまい進しているときにモチベーションは上がります。そこで、みなさんにはモチベーションを上げるために、仕事をしていく上での目的を考えていただきたいのです。

仕事をしていく上での目的には、会社の目的と個人の目的があります。会社の目的に当たるのは、経営理念です。そこで、個人的な目的を考えてほしいのです。

解決策

仕事をしている上での自分の個人的な目的を考えてみてください。「何のために働いているのか?」ということです。この問いを研修中に聞くと、「生活のため」、「お金のため」と言う方がいらっしゃいますが、それも立派な目的です。しかし、その先を考えてみてください。「お金を得て、何を実現したいのか?」「何をしたいのか?」「誰と一緒に何をしたいのか?」ということです。

たとえば、お金を得て、「家族と幸せに暮らしたい」のなら、これがあなたの目的です。お金を貯めて、「マイホームを購入して温かい家庭を築きたい」なら、これがあなたの目的です。お金を貯めて、「老後の資金にして、安心した老後を過ごしたい」「将来、海外留学してグローバルな仕事がしたい」「結婚して幸せな家庭を築きたい」というのも、それぞれあなたの目的です。

仕事をしていく上での自分の個人的な目的を考えてみてください。

人は、会社から示される目的だけでは主体的に動くことはできません。自分の目的を明確にするからこそ、会社からおりてくる仕事に意味がつけられるのです。

自分自身が将来どうしたいのか、何をやらなければいけないのかが実際にわかっていないままでは、モチベーションは上がりません。まずリーダーであるあなたが、仕事をする目的を明確にしてみてください。あなたの目的が明確になったら、スタッフに質問をしてみてください。

質問① 何のために仕事をしているのですか？

質問② 誰と何を一緒に実現したいのですか？

2「コミュニケーションが苦手なんです」で、介護業界に入ってくる謎

事例

ある介護付有料老人ホームでは先週、求人広告を出しました。最近は、求人広告を出しても問い合わせすらないことが続いていたなかで、今回は1人の男性Yさんを面接することになりました。リーダーであるKさんが面接して、翌週から勤務してもらうことになりました。

Yさんは、声が小さく、何をするにも消極的で誰からも指示がないときは、ご利用者と談笑するわけでもなく、フロアで立っているだけという日が続いていました。リーダーであるKさんが、Yさんに仕事で困ったことがないかをたずねると、「今までは事務仕事しかしていなかったので、昔からコミュニケーションが苦手なんです。この仕事は向いていないのでしょうか……」と悩んでいる様子でした。リーダーであるKさんは、どうしたらよいのでしょうか？

私が、介護職の新入社員研修や介護福祉士の専門学校で授業を行なっていて、よく感じることに、コミュニケーションに苦手意識がある人が多いということです。その背景には、前

これは何でしょうか？

職を退職して求職活動中にハローワークの公共職業訓練で、とりあえず介護職になった人、学校の先生や親御さんから「介護ぐらいだったらできるだろう」と言われた人、「就職率100％」に惹かれて専門学校に入り、資格を持っていたほうが将来安心できるからと考えている人など、「絶対に介護職になりたい！」と熱意を持って入ってくるというよりは、介護のことはよく知らないけれど、「何となく自分でもできそう」と考えて入ってくる人が多いという事情があります。

介護職は、世間では、「きつい」「給料が安い」「汚い」の3Kと呼ばれています。そのためか、実際に「介護ぐらい」と思っている人がいるのも事実なのかもしれません。しかし、「ぐらい」と世間で思われていたとしても、現場の私たちが、世間が思っている「ぐらい」に合わせて「どうせ……」となってしまったのでは元も子もありません。

ここでは、「コミュニケーションが苦手なんです」と思い込んでしまう原因が、どこにあるのかを考えていこうと思います。

前ページの図のイラストは何だと思いますか？　できれば、言葉を思い浮かべてほしいのです。


「お茶」ですよね。では、どのようにして、あなたは「お茶」という言葉を思い浮かべることができたのでしょうか？　おそらく、あまりにも当たり前のことなので、そのプロセスは考えたことはないかもしれません。

「お茶を見て言語化する」プロセスを、簡単にご紹介します。
①まず、最初にイラストが見える。「お茶」という文字が見える
②そして、次に過去の体験や経験にもとづいて、これをお茶だと判断する
③最後に、言葉にして思い浮かべたり口に出したりする

では、お茶のペットボトルをアメリカに住んでいる、お茶を飲んだことのない漢字の読めないアメリカ人に、「これは何だと思いますか?」と同じことを聞いたら、どんな反応が返ってくると思いますか?

②まず、アメリカ人が見ても、同じイラストが見える
②しかし、アメリカに住んでいるアメリカ人は、日本茶を飲むという体験・経験がないので、類推するしかない
③パッケージの緑色から、「メロンジュース」などを類推するかもしれない
③そして、「メロンジュースなど」という言葉を頭に思い浮かべたり、誰かに答えるかもしれない

同じお茶を見ても反応が違ってくるのは、プログラム、過去の体験や経験が違うからだと考えることができます。私たちが、何かを理解する時の土台となるものは過去の体験・記憶です。そして、過去の体験や記憶によって作り出される思考の枠が思い込みです。

自分の思い込みが、どのように私たちに影響するのかをお話したいと思います。一度、「こうだ」と思い込んでしまうと、その思い込みに自分の意識が支配されてしまいます。

1章6．『「あの人に何を言っても無駄！」は本当？』でもお伝えしましたが、私たちは基本的にひとつのことにしか意識を向けることはできません。同時に2つ、3つのことに意識を向けるのは難しいのです。

介護に興味を持ってから、介護職に就いてから、新聞の「高齢者」という文字や「介護保険」という見出しが目に入ってきたり、街中でも介護会社の車が目に入ってきたり、自分が妊婦の時、ご家族に妊婦さんがいらっしゃるときには、妊婦さんが街中で増えたような気になったり、ベビーカーをやたらと見つけてしまったり、私たちは、自分の興味・関心のあることにしか意識を向けられないのです。

このように、意識はひとつのことしかキャッチしません。そうすると、私たちが自分に対して他人に対して過去の体験・記憶から被せているイメージ通りの情報をキャッチしてしまうということになります。自分の思い込みを肯定しようと脳は働くからです。「やっぱりね」、「そうだと思った」、「私の思った通り」という結果を脳が探してしまいます。

自分が苦手だと感じている人に対しては、嫌悪感を抱くような情報がキャッチされやすくなり、好意を抱いている人に対しては、好感を抱くような情報がキャッチされやすくなると言えます。

嫌いな人に対しては、嫌いなところばかりが目につき、どんどん嫌いになっていかないでしょうか？

嫌いな人を、好きになってくださいと言っているわけではありません。「あの人のここが嫌い！」と言って、ご自分のモチベーションが上がる人はいません。ご自分のために、苦手と感じている人への見方を少し変えてみましょうということです。

1章でもお伝えしましたが、問題の原因は、「他人」や「自分」や「出来事」にあるのではなく、あなたが被せているイメージにあります。自分が、「他人」や「自分」や「出来事」に被せたイメージによって、「苦しい」「悲しい」「辛い」と反応してしまい、自分の被せたイメージによって自分自身が苦しむのです。

一般的に、社会人の悩みとして上位に挙げられるのは「人間関係」です。飲食店や洋服の販売員、会計事務所の会計士、税理士、事務員、教師、いろいろな仕事がありますが、基本的にはどんな仕事でもコミュニケーション能力は必要です。もちろん、言うまでもなく介護職にもコミュニケーション能力は必要です。

では、介護の世界に入ってきた、コミュニケーションが苦手、人付き合いが苦手、人見知りですという人は、介護の仕事には向いていないのでしょうか？ そんなことはありません。そもそも、なぜコミュニケーションが苦手になったのかを考えていきたいと思います。

その前に、あなたが苦手だと感じているものや事柄を思い出してみてください。たとえば、食べ物であれば牡蠣が苦手だとか、場所であれば高い所が苦手だとか、人であれば威張っている人が苦手だとか、あなたが苦手だと感じるものや事柄を考えてみてください。

それでは次に、苦手になった経緯を思い出してみてください。食べ物の牡蠣であれば、過去に食べたときに食あたりになった経験があって、そのときに辛い目にあったからとか、高い所が苦手な人は、幼い頃にジャングルジムから落下して恐い思いをしたとか、威張っている人が苦手だという人は、初めてアルバイトした店の威張っている店長に意地悪された経験があるとか、それが苦手になった経緯を思い出してみてください。

あなたが苦手だと感じているものや事柄は、過去に辛い思いをした、恐い思いをした、嫌な思いをした経験があるから、苦手だと感じていると考えられます。実際に、牡蠣なんかはわかりやすいと思います。大好きだった人でも一度でも食あたりにあうと食べられなくなるケースが多くあります。

つまり、苦手だという価値観（記憶）のフィルターができてしまったのだと考えられます。そして、苦手という価値観（記憶）を通して対象を見るので、牡蠣が苦手、高い所が苦手、威張っている人が苦手だと感じているということになります。

別の例で言うと、子犬3匹をあなたの職場に放したとします。すると、犬が大好きな人は、

問題がつくりだされるプロセス

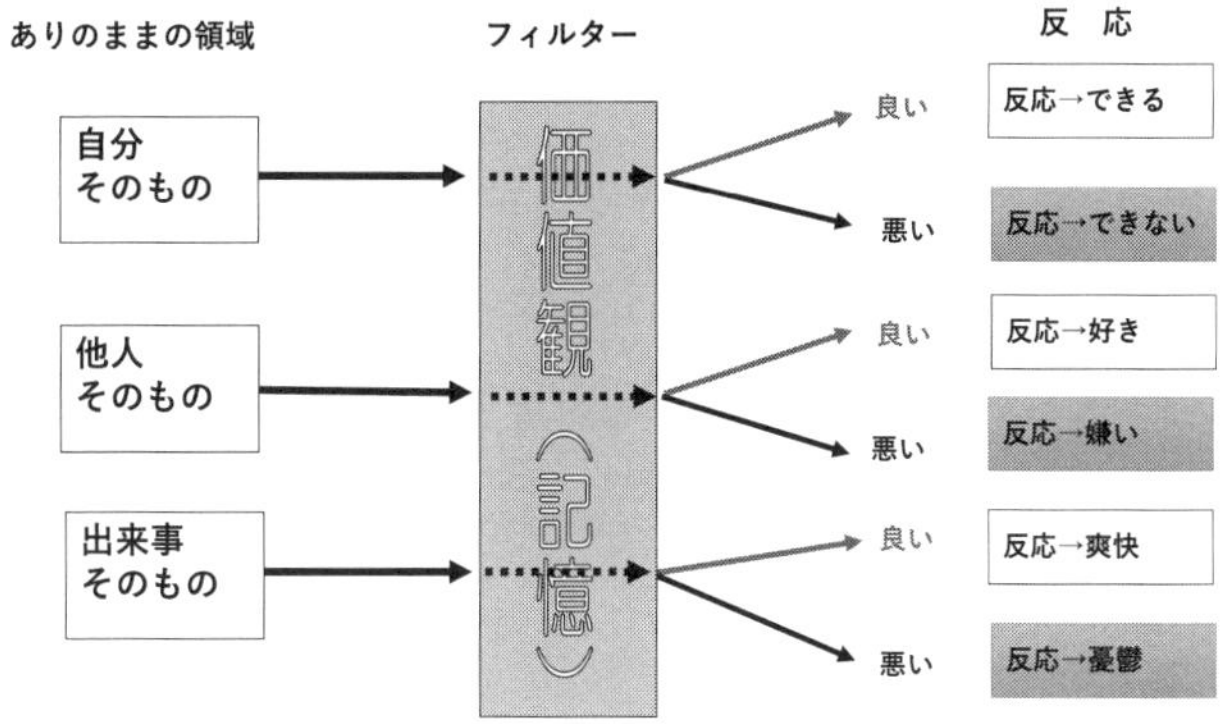

「なんて可愛いんだろう。子犬って癒されるな」と感じる人と、犬が大嫌いな人は、「職場に犬を放すなんて、なんて非常識なんだ」と感じる人と、犬に興味のない人は、子犬が走っていても、「あっ、犬が走っているな」と無関心でいられます。この反応の違いは、犬のせいではないですね。自分の過去の体験・記憶から、犬に被せているイメージが異なるからです。別の言い方をすると、問題の原因は、「他人」や「自分」や「出来事」にあるのではなく、あなたが被せているイメージであると言えます。

実は、自分が「他人」や「自分」や「出来事」に被せたイメージによって、「苦しい」「悲しい」「辛い」と反応してしまい、自分の被せたイメージによって、自分が苦しむという仕組みなのです。

コーチングでは、「意味づけを変えると人生が変わる」と言われます。

誰しも、「幸せ」とか「豊か」になりたいと願っていると思いますが、人は「幸せ」とか「豊かさ」は、何をもってそう思うのでしょうか？　あなたは、「あぁ～幸せ」と感じるときはどんなときですか？

仕事が終わってから生ビールを飲んでいるときに、「あぁ～幸せ」と感じる人もいるでしょうし、お風呂に浸かっているときに「あぁ～幸せ」と感じる人もいるでしょうし、お布団に入った瞬間に「あぁ～幸せ」と感じる人がいるかもしれません。これは、「あぁ～幸せだなぁ」と身体感覚で感じる時間が長い人ほど、幸せ感が大きいということになります。「こうなったら幸せなのに」、「ああなれば幸せなのに」、「あれがあれば幸せなのに」と幸せを考えている時間が長い人は、さほど幸せではないはずです。「幸せ」や「豊かさ」を感じている時間が長いほど、「幸せな人生」ということになります。

出来事は同じでも、自分のフィルター（価値）がどうとらえるかによって、その意味は違ってきます。受けとる意味が違うと、自分の内面で起こってくる反応も違ってくるのです。つまり、出来事の意味づけで、自分の感じ方が変わるということになります。

コーチングセミナーや自己啓発セミナーでは、よく、楽観的になりましょう、ポジティブになりましょう、と言われますが、それは同じことが起こっても、意味づけがプラスになるからです。同じことが起こっても、意味づけをプラスに受けとることができれば、自分の内面で起こってくる反応（感情・感覚）もプラスになります。何かがあった時の意味づけで、自分の内面の反応が変わってきます。

自分の幸せは自己責任です。

以前の私は、「もっと、上司に理解があればいいのに…」、「もっと、あのスタッフが変わればいいのに…」、「もっと、会社が認めてくれたらいいのに…」と、他者や環境に文句ばかりを言っていました。そして、いきつくはてには、「何で、私ばっかり！」を繰り返していました。以前の私のように、外に向けている矢印を自分に向けない限り、同じことを繰り返します。まずは、自分の思い込み、フィルター、価値観に気づくことです。

「コミュニケーションが苦手なんです」というスタッフも、過去にコミュニケーションでうまくいかなかった経験、恥ずかしかった経験、辛かった経験、恐かった経験などがあって、苦手だというフィルターを通してコミュニケーションが苦手だと感じているということになります。何でもそうですが、失敗した経験があるからこそ、苦手意識が芽生えるのです。

小学校の頃は、目立ちたがり屋で積極的だった子どもでも、高校生くらいになると人見知りで消極的になってしまうことがあります。成長していく過程で親や先生から「落ち着きなさい！」と叱られて嫌な思いをしたり、友達の前ではしゃいでいる姿を「恥ずかしいからやめなさい」などと親から言われたりすると、大人はそんなつもりで言ったわけではなくても「恥ずかしい」だけを受け取ってしまい、「大きな声を出すのは恥ずかしいんだ」「大きな声を出すと怒られるんだ」と、消極的に振る舞ってしまうわけです。

つまり、「コミュニケーションが苦手なんです」と言っているスタッフに対して、「介護はコミュニケーションが大事なんだから、何でもいいから話しなさい！」と無理強いをすると、小学校のときの先生や親と同じことをしていることになり、ますますコミュニケーションが苦手になってしまいます。

解決策

「コミュニケーションが苦手なんです」と言っているスタッフの**「強み」**を、リーダーであるあなたが見つけて、スタッフに伝えてあげてください。「○○さんは笑顔がいいですね」「○○さんがいると場が和らぎますね」「○○さんは声に落ち着きがありますね」「○○さんがいると安心感がありますね」「○○さんの声に癒されます」「○○さんの雰囲気から優しさが感じられます」「○○さんがいると楽しくなりますね」……

リーダーであるあなたが、スタッフ自身でも気づいていない強みを見つけて伝える。これを1週間でも続けると、スタッフに「笑顔が増える」「率先して挨拶するようになった」「声が大きくなった」「明るくなった」というような変化があるはずです。ここでのポイントは、本心で思ったことをスタッフに伝えることです。思ってもいないことを言ったのでは、逆効果です。決して、おだててはいけません。本心からほめて、相手を認めてください。

質問① あなたの強みは何ですか?
質問② これまで、あなたの強みを活かして成功したことは何ですか?
質問③ 人生を幸せに導くために今までにしてきたことは何ですか?

3 介護の仕事に向かないスタッフには辞めてほしいが本音!?

事例

小規模多機能型居宅介護で働くMさんは、新しく入った男性スタッフEさんに困っていました。ご利用者に対する対応が大ざっぱで気くばりができず、車椅子介助の際には車椅子を壁にぶつけてしまったり、更衣介助のときはカーテンを閉めないまま介助しようとしてしまいます。また、デイサービスを利用されている10名の名前が憶えられず、ご利用者の手荷物を何度も間違えてしまい、ご家族からクレームとなっています。

何度、注意しても改善されず、Eさんが何かするとクレームになってしまうといったことが続いています。そのたびに、Mさんがクレーム対応に追われ、Eさんが辞めてくれたほうが楽なのではないかと思うようになってきました。

求人広告費をかけて、好条件であれば人は集まるのかもしれません。でも、介護現場の場合、あまり求人広告費はかけられないばかりか、好条件でもありません。しかも、離職率が高いのです。先月募集して人を雇ったのにすぐに退職してしまい、また求人広告を出さないと、**※人員基準に満たずに介護給付費の減算**になってしまいます。

そうなると、どんどん求人広告費がかさむことになってしまいます。毎月求人広告をかけていると、簡単に年間100万円以上の出費となってしまう事業所や施設も珍しくはありません。

コンサルタントをされている方や他業種の方は、採用の時点で簡単に辞めないよい人材を採用するようにしたらいい、だから面接のときのヒアリング方法やその人の人格や素養を見極めるべきだと言われる方がいます。

しかし、実際に現場で働いていらっしゃるみなさんは、どう思われるでしょうか? 実際の介護現場では、人材を見極めている場合ではないし、人格がよい、素養がある人がいいのは当然ですが、前項でもお伝えしたように、まだまだ必要な人材を確保するのは難しいのが現状です。

だとすると、「介護の仕事に向かないスタッフは辞めてほしい」「あの人がいないほうが、仕事がスムーズ」「私の休みがなくなったとしても、あの人には辞めてほしい」という考えは改めるべきでしょう。

あなたが、介護の仕事に向かないとスタッフだと思っているのは、そのスタッフの介護技術が下手だからとか、記録が書けないからではなく、人間関係構築力が乏しいからではないでしょうか?

社会人の悩みの上位は「人間関係」です。社会人の悩みは、仕事が嫌というよりも、職場で感じる感情が嫌で辞める人が圧倒的に多く、そしてその「嫌な感情」の原因は圧倒的に人間関係からくるものが多いはずです。

・苦手な同僚がいる
・嫌いな同僚がいる
・上司が恐い、頼りない、信じられない

・嫌われるのが恐くて、上辺だけの付き合いに疲れた
・同僚に馬鹿にされているような気がする
・同僚に拒絶されているような感じがする
・職場の輪の中に入っていない気がする

こんな嫌な感情を感じる職場では、精神的に余裕がなくなってしまい、仕事での失敗が多くなります。そして、職場でのコミュニケーションでも萎縮してしまって、朝の挨拶だけでも「嫌われないようにしなければ」と意識してしまい、頬を引きつらせながら目は笑っていない状態で、「お、おはよう」とぎこちなく振る舞ってしまいます。

すると、同僚から「あの人、どこか変だよね」と噂されて、職場での人間関係構築がさらに難しくなります。すると、さらに萎縮してしまいぎこちなくなります。

私は、いつも介護リーダー研修でこんな話をします。「あなたが苦手だと思っているスタッフを、好きになってください」とは言いません。私は介護リーダーであるあなたに、幸せになってほしいのです。そのために、いつまでも苦手なスタッフを放置している場合ではないのです。だから、辞めてもらうという話でもありません。苦手なスタッフを毎日目にして、『あの人のここが嫌！』『何で、こんなこともできないの！』『何回、同じことを言ったらいいの！』と毎度、思ってしまうのは、あなたの精神衛生上よろしくありません。それならば、スタッ

フを育てていくしかありません。では、どうやって介護の仕事に向いていないスタッフを育てていけばいいのでしょうか?」と。

解決策

そのためには、成功体験を実感してもらうしかありません。「そんなことを言っても、うちのスタッフは本当に何もできないんだから!」という声が聞こえてきそうですが、スタッフに笑顔をつくってもらってください。コミュニケーションが苦手だと思っている人は、「次に何を話そうか……」と考えているうちにしかめっ面になって、笑顔がつくれなくなります。最も相手に伝わる非言語コミュニケーションである表情や態度や姿勢にフォーカスして、実践してもらってください。そして、**笑顔**をフィードバックしてあげてください。「優しい笑顔だね」「○○さんの笑顔で、ご利用者も安心できるね」「今日も笑顔で仕事ができているね」等々、**笑顔**を認めてください。スタッフが成功体験を実感することができれば、必ず自信につながります。それができたら、次は**「挨拶」**です。「おはようございます」「こんにちは」「お元気ですか」「よく眠れましたか」「お食事はおいしくいただけましたか」「よいお天気ですね」「今日は雨ですね」「ずいぶん暖かくなってきましたね」、と自信とともに言葉を増やしていけばいいのです。

質問　スタッフに成功体験を実感してもらうためにできることは何ですか?

（※介護職員の配置数が人員基準上満たすべき員数を下回っており、その人員基準欠如に対して、介護給付費の減額を行なうこと）

4 「誰からも何も言われていないので……」指示がないと動けないスタッフ

事例

ある特別養護老人ホームに、4月から新人の介護職員が入ってきました。一見とても素直で、何かを頼むと「ハイ！」と答えるのですが、半年たってもただ指示を待つばかりで、指示通りにしか動けません。

今日も、昼食後の14時からカンファレンスがあるから、カンファレンスルームに来るようにと言うと、食事介助を放り出してカンファレンスルームに来てしまう。そのことを注意すると、「14時からカンファレンスだと言われたので」と、私は悪くありませんと言いたそうな態度です。何か言うと、「何も言われていません」、間違いを指摘すると「○○さんに言われた通りにしています」など、とにかく、自分で考えて行動することができないスタッフをどう育てていいのか、リーダーのAさんは悩んでいました。

指示がないと動けないスタッフの特徴として、おおまかな指示では行動できない、細かな指示やマニュアルがないと動けない、臨機応変に行動することができない、自分で考えられないので仕事が覚えられない、何度も同じことを聞いてくる、まわりの状況を見て行動することができない、場の空気が読めない、特徴としてはこんなところでしょうか。

入社して数日の新人スタッフが指示を仰いでくるのは当然かもしれませんが、入社して半年も経つのに、自分で考えて行動できないスタッフがいるのは問題ではないでしょうか。なぜ、指示がないと動けないスタッフが生まれるのでしょうか？ その原因は2つあります。

まず1つ目は、失敗することを極端に恐れている場合、自分で考えて行動した場合、失敗して責任を取らなければならならないのが嫌、失敗して恥ずかしい思いをしたくない、失敗して怒られたくない、失敗したらどうしようと、結局、自信のなさから自分で考えることを放棄して誰かの指示を待ち、その指示の通りに行動します。このような人は、面倒なことには手をつけようとはしません。

2つ目、考える力がない場合も考えられます。なぜこの業務をするのか、仕事の優先順位はどうすればいいのか、まわりは忙しそうだけれど、どうすればいいんだろう、こういったことを考える力がないのです。

そうすると、他人に頼るしかありません。しかし、他人に聞いたとしても根本的に理解できていないまま実行に移してしまうため、言われたこともできない、よけいなことをして失敗する、といったところにまで波及してしまいます。

物事に対して疑問を持つ力を身につけられるようになると、いずれはある程度のことは指示がなくても自分で判断できるようになるはずです。「よくわからないけれど、まあいいか」とか「言われたことだけをやればいい」とか「誰も何も言ってくれないから」というスタッフは減っていくはずです。

実は、リーダーの役割として指示を出す、答えを教えるということもあります。でも、「ここは、こうやって、次は、こうやって……」と教え続けたとします。そうすると、チームの最大パフォーマンスは、リーダーで頭打ちになります。リーダーの知識や経験をスタッフが超えることがなくなります。

リーダーの答えを全部スタッフに与えるということは、チームのマックスがリーダーになります。ということは、答えを与え続けるリーダーというのは、チームの能力やパフォーマンスに自分自身で蓋をすることになります。

しかし、質問を利用してスタッフに考えてもらうと、思いがけない発想がメンバーから生

質問集

・「今、取り組むべき課題は何ですか？」
・「今かかえている問題は何ですか？」
・「今ある不安は何ですか？」
・「1年後、あなたは何を手に入れたいですか？」
・「3年後、あなたは何をしていますか？」
・「行動に移せない障害になっているものは何ですか？」
・「あなたにとってその問題は、どれくらい重要ですか？」
・「あなたが仕事をする上で一番大切にしていることは何ですか？」
・「あなたは、まわりの人からどんな人だと思われていると思いますか？」
・「サポートしてくれるとしたら誰がいますか？」
・「私があなたをサポートするとしたら、私にどうしてほしいですか？」
・「自信のあることは何ですか？」
・「他に必要なものは何ですか？」
・「何があったらもっと確実になりますか？」
・「今すぐできることは何ですか？」
・「どれからやることが一番効果的だと思いますか？」
・「いつからはじめますか？」

まれたり、そこに相乗効果が生まれて、チームの力が最大化する可能性をもたらします。スタッフに考える機会を与えるということを、リーダー自身が実践してみてください。

解決策

上の質問を、上から順に質問していってもいいし、この中から1つだけ質問してみても構いません。まず、リーダーであるあなたが上の質問を考えてみてください。

1章でもお伝えしましたが、質問にはものすごいパワーがあります。ただし、教えないとダメなケースもあります。本当にその経験がない、初めてその仕事に就いたとか、知識も情報もないスタッフ、そのようなときには指示を出したり、答えを教えることも必要です。

ただ、教えた後には必ずフォローをしてください。リーダーが「こういうときには、こうだよ」とティーチングします。そして、「やってみて、どうだった？」「今度は1人でできそう？」というフォローをします。

フォローをしたときに、メンバーから「まだ、自信がないんです」や「できそうにありません」と返ってきたときに質問を使ってみてください。「何があったら、もっと確実になる？」「他に必要なものは何？」という会話をぜひやってみてください。

リーダーの心得のひとつに、メンバーの責任を肩代わりしないというものがあります。メンバーがやるべきことをリーダーがいつもやっていたら、いつもリーダーがいないといけなくなってしまいます。

そういう意味で、メンバーの実行責任を絶対に肩代わりしないこと。結果責任はリーダーが負い、実行責任は、メンバーのものとする。だから、メンバー自身が考える必要があるのです。そのためにも質問を活用してください。

料金受取人払郵便

神田局
承認

7373

差出有効期間
令和３年７月
31日まで

郵便はがき

101-8796

511

(受取人)
東京都千代田区
神田神保町1－41

同文舘出版株式会社
愛読者係行

毎度ご愛読をいただき厚く御礼申し上げます。お客様より収集させていただいた個人情報は、出版企画の参考にさせていただきます。厳重に管理し、お客様の承諾を得た範囲を超えて使用いたしません。

図書目録希望　　有　　無

フリガナ お名前		性　別 男・女	年　齢 才
ご住所	〒 TEL　（　　）　Eメール		
ご職業	1.会社員　2.団体職員　3.公務員　4.自営　5.自由業　6.教師　7.学生　8.主婦　9.その他（　　）		
勤務先分類	1.建設　2.製造　3.小売　4.銀行・各種金融　5.証券　6.保険　7.不動産　8.運輸・倉庫　9.情報・通信　10.サービス　11.官公庁　12.農林水産　13.その他（　　）		
職　種	1.労務　2.人事　3.庶務　4.秘書　5.経理　6.調査　7.企画　8.技術　9.生産管理　10.製造　11.宣伝　12.営業販売　13.その他（　　）		

愛読者カード

書名

◆ お買上げいただいた日　　　　年　　月　　日頃

◆ お買上げいただいた書店名　（　　　　　　　　　　）

◆ よく読まれる新聞・雑誌　（　　　　　　　　　　）

◆ 本書をなにでお知りになりましたか。

1．新聞・雑誌の広告・書評で　（紙・誌名　　　　　　　）

2．書店で見て　3．会社・学校のテキスト　4．人のすすめで

5．図書目録を見て　6．その他（　　　　　　　　　）

◆ 本書に対するご意見

◆ ご感想

●内容　　良い　普通　不満　その他（　　　　　）

●価格　　安い　普通　高い　その他（　　　　　）

●装丁　　良い　普通　悪い　その他（　　　　　）

◆ どんなテーマの出版をご希望ですか

＜書籍のご注文について＞

直接小社にご注文の方はお電話にてお申し込みください。宅急便の代金着払いにて発送いたします。１回のお買い上げ金額が税込2,500円未満の場合は送料は税込500円、税込2,500円以上の場合は送料無料。送料のほかに１回のご注文につき300円の代引手数料がかかります。商品到着時に宅配業者へお支払いください。

同文舘出版　営業部　TEL：03－3294－1801

5 汚れた床を目の前に「床掃除やりました」と、みえみえの嘘をつくスタッフ

事例

グループホームで働く介護福祉士のSさんは、些細なことから重要なことまでよく嘘をつきます。嘘をついたうえに、仕事のミスを他のスタッフのせいにします。でも、現状ではそれに気づいているのは介護リーダーのYさんしかいません。証拠があるわけでもないので、「Sさん、嘘ついているでしょう！」とも言えず、Yさんは指導に困っています。

ある日の朝礼で、スタッフ同士が一日の業務内容を確認し、午前中にSさんが1階のフロアの拭き掃除を行なうことになりました。午後になって介護リーダーが、1階フロアが掃除されている様子がなく、角には埃もたまり、床も汚れたままになっているのを見て、Sさんに「床掃除はやったの？」と問いただしたところ、汚れた床を目の前に「やりました。さっきはキレイになってたんですけど、誰かが汚したんですかね」明らかに、汚れは今できたものではなく時間が経っているものです。「埃もたまっているし、掃除をやり直してください」と言うと、「スミマセン。目が悪いので埃が見えていませんでした」と、みえみえの嘘をつきます。介護リーダーのYさんは、どう対処したらいいのでしょうか？

頻繁に嘘をつく人に共通していることは、「気が弱く自信がない」ということです。スタッフがみえみえの嘘をつく場合、「自分を守るための嘘」である場合が多く、「これ以上、本当のことを話したら、自分はもっと責められる。責められたくない」という「恐れ」から嘘をつくといったことを繰り返している人が多いのではないでしょうか。

基本的に、頻繁に嘘をつく人は、精神的に弱い面を持ち合わせていることが多く、精神的に弱い＝「ストレス耐性が弱い」（ストレスに耐えられる力が弱い）ため、怒られても受け止める力がなかったり、内省をする力が欠けていたり、怒られることに過度に恐怖を感じていたりします。このように、自分の身に降りかかることに対して「向き合う力」「受け止める力」が弱い人は、頻繁に嘘をつきます。

嘘をつくスタッフに対して、「なぜ、嘘をつくのか！」とお説教をしても何も解決しません。毎度毎度、みえみえの嘘をつかれて怒っているのはわかりますが、怒りの感情をぶつけてしまったのでは次につながりません。

実は、嘘をつくということは「何かを隠そうとしている」行為であり、嘘をつく理由が存在しています。もちろん、嘘はいけないことです。嘘をつかれると信用を裏切られたとショックを受けるし、一度でも嘘をつかれるとそのスタッフを信用できなくなります。ただ、怒鳴るだけでは、委縮したスタッフが隠しごとをするようになったり、バレないように巧妙な嘘をつこうとするおそれがあります。

嘘には、「何らかの嘘をつく理由がある」と考えてください。また、場合によっては「周囲の人間が追い込んで嘘をつかせてしまう」ことや「周囲の人の期待に応えようとして嘘をついてしまう」こともあります。また「自分を守るためにつく嘘」もあれば、「人の気を引くための嘘」もあります。

このように、嘘には必ず「何か」その人の思いがあります。嘘をついたことがわかっても、「嘘をつく悪い人」というように人間性や性格に原因を求めるのではなく、「どんな理由があるのだろう」と考えてみてください。

解決策

この事例の場合、床掃除をするという業務を忘れていたのは何が原因なのかと考えると、①他の突発的な業務を行なっていた、②単に忘れていた、の2つが考えられます。①と②では、リーダーとしてスタッフSさんに対する対応が違ってくるはずです。①のケースであれば、床掃除ができなかったのは致し方ないことであっても、そのことを報告できずに、「床掃除をやりました」と嘘を言ってしまう環境であるということです。

ここで言う環境とは、リーダーである、あなたのことを恐れていて心を開いていない状況といえます。この場合、あなたの態度を改めなければ嘘は直りませんし、おそらく他のスタッフもあなたに嘘の報告をしている可能性があります。

②のケースであれば、単純にSさんが嘘をついているということですが、ここでの問題は忘れてしまっているということです。忘れるにもいろいろあります。他のスタッフと話しているうちに忘れてしまった、他の業務が立て込んでいて忘れる場合、単に忘れっぽい場合、どちらにしてもメモを取る習慣を身につける必要があります。ここで大切なのは、メモを書いて終わりにしないことです。メモを書いて、そのメモを見るという習慣の2つが必要です。

実際に私は、忘れやすいスタッフには、メモ帳サイズの日記帳に日にち、曜日、時間と業務内容を書いてもらっていました。業務内容として、たとえば「○○病院へ通院付き添い」「○○様へ入居説明」と書いてあれば、ご利用者の状態や起こった出来事まで、ある程度把握できたので、リーダーとして重宝したことを憶えています。

それでも嘘をつくスタッフには、「メモ帳に書いていたのか」「書いていなかったのか」を確認して、嘘を指摘するのではなく、メモに書いていないことを指摘しました。みえみえの嘘でも、本人は嘘ではありませんといった態度の場合、「あなたは嘘をついているでしょう!」と指摘しても問題は解決しません。

スタッフを指導するときのポイントは、何と言っても感情的にならないことです。たとえスタッフが感情的であっても、リーダーは冷静でなければなりません。一番大切なのは、嘘をついたということに対して腹を立てるのではなく、どうして嘘をついたのかということを引き出すことです。悪気はなく、なかには反射的に嘘をついてしまうという性格の人もいます。その人に向かって怒ったところで、性格の問題なのですから、一朝一夕に解決にはつながりません。

問題を解決するために必要なのは、スタッフがなぜ嘘をつくのかの原因を知ることです。

質問① 嘘をつくことで守られているものは何でしょうか?

質問② 嘘がバレないことで、スタッフが勝ち取っているものは何でしょうか?

6 4章のまとめ

介護保険サービスの質は、建物や設備等のハードの質ではなく、サービスの質にかかっています。そのサービスの質は、スタッフの質で決まります。まず、介護リーダーであるあなたに考えていただきたいことは、スタッフ教育の目的です。あなたのチームのスタッフに、どうなってほしいのか？　また、その目的のためにあなたはどう関わることができるのか？を考えてみてください。どうなってほしいのかという目的はスタッフごとに異なるはずです。そして、その目的をスタッフとリーダーで共有することです。

また、このスタッフ教育のあり方は、離職率にも関係します。慢性的な介護スタッフ不足の原因のひとつは離職率の高さにあります。とくに、3年以内に離職する率が非常に高いのが特徴です。

本章の内容を実践するなかで、スタッフの仕事をする目的を明確にしてみてください。ここが明確にできれば、迷いや不安がなくなり、不足感、不満感、孤独感も生まれません。目的（地）が明確になっていれば、ルートが見えてきます。すると、どちらに一歩を踏み出すべきなのか、がわかります。そのために、まずはリーダーであるあなたが仕事をする目的を考えてみるのです。

5章

情報共有

たくさんある情報を
スタッフ間で共有できないのは、
なぜ?

1 「これぐらい言わなくてもわかるだろう」は通じない

事例

デイサービスセンターで管理者をしているAさんは、あるスタッフに手をやいていました。介護スタッフのNさんは何でも大げさに吹聴して、他のスタッフを混乱させることがたびたびあったからです。

介護保険が改正される時期には、まだ何も決まっていない段階で、「今回の改定では、デイサービス職員のお給料が大幅にダウンするらしいわよ」と他のスタッフに吹聴して混乱させたり、あるときには、「あなたの車椅子移乗のやり方が危ないって、みんなが言っているわよ」と言って、そのスタッフが「退職したい」と言い出すことがありました。

この一件で、リーダーであるAさんが退職したいと言っているスタッフに理由を聞くと、「Nさんから、みんなが私の悪口を言っているって聞いて……」と話したので、真相をNさんに問いただすと、「だって、みんながあの子の車椅子移乗の仕方が危ないって言ってたんですもの」と悪びれる様子もなく言いました。

介護リーダー研修をしているなかで、「どうしたら、スタッフのコミュニケーションスキルを上げられるか」というご相談をよくお受けします。多くの介護職の管理者やリーダーが、職員のコミュニケーションスキルをどのように向上させていくかということに頭を悩ませているのが現状です。そういった相談を受けたときには、まず職場における「報連相」を機能させることをご提案しています。

みなさんは、「報連相」という言葉は知っていると思います。ただ、それをスキルとして深めていくという発想があまりないのが一般的です。「報連相」をスキルとして考えた場合、その本質は「情報の共有化」です。では、情報とは何でしょうか? ここで取り扱う情報とは、あなたが知り得た「事実」が情報です。あなたの「意見」や「憶測」や「感想」ではなく、その事実を伝えてチーム内で共有することです。

たとえば、「Fさんが風邪みたいなの」というのは、よくありがちな会話ですが、この会話は「憶測」です。ここで共有化すべき情報は、なぜ、Fさんが風邪みたいだと思ったかという根拠です。発熱があるからなのか、咳をしているからなのか、食欲がないからなのか、医師による診断の結果なのか、どのような症状があるから風邪だと思ったのかを共有すべきなのです。そこに、あなたの憶測は必要ありません。

「Fさんが風邪みたいなの」という憶測が入った会話を受けたスタッフは、「Fさんは風邪なんだ」と思い込んでしまい、その思い込みは、「スタッフの○○がFさんが風邪だと言った」という情報となり、あっという間にスタッフにとっての事実になってしまいます。

「報・連・相」では、やみくもに自分の言いたいことを吐き出すのではなく、きちんと事実を正確に伝えることが大事なのです。

介護現場で行なわれる「報・連・相」や介護記録は、介護スタッフの観察に基づいています。つまり、「報・連・相」や介護記録に記される事柄は、介護スタッフの「思い込み」ではなく、できる限りありのままの「事実」を記載する必要があります。では、「思い込み」と「事実」の違いは何でしょうか。

私の研修では、「事実」と「思い込み」を分けるということを体験してもらっています。たとえば、「介護職員はストレスまみれ」は、「思い込み」でしょうか？「事実」でしょうか？ これは、「思い込み」です。すべての介護職員がストレスまみれというわけではありません。自分の仕事に誇りを持って、毎日イキイキと働いている介護職員もいます。「事実」は誰にも共通している普遍的なものです。たとえば、「太陽は東から昇って、西に沈む」は、万人に共通している普遍的なもので「事実」です。

「事実」と「思い込み」を区別できるだけでも、相当ストレスは減り、やる気がみなぎってくるはずです。なぜなら、私たちは自分がつくった「思い込み」によって悩み、落ち込み、不安に苛まれているからです。

たとえば、仕事で昇格して一時的に「幸せ」を感じたとしても、「責任のある仕事で失敗したら、どうしよう」という不安感、「上司も部下も誰もわかってくれない」という孤立感、「何で自分だけ、こんな辛い思いをしないといけないんだ」という不足感が生まれたとたん、「幸せ」が「不幸」になります。

ということは、せっかく「幸せ」を勝ち取ったとしても、その「幸せ」をキープできるか、できないかは、その人しだいということになります。

書き出してみるとわかりやすいと思いますが、「責任のある仕事で、失敗したらどうしよう」という思いは、まだ失敗もしていないことで不安を感じています。また、「上司も部下も誰もわかってくれない」という思いを抱いていますが、本当に誰一人あなたのことをわかってくれていないのでしょうか？ 「何で、自分だけ辛い思いをしないといけないんだ」という思いは、本当にあなただけが辛いのかどうかは疑問です。そもそも、辛いという思いも思い込みなのではないでしょうか？ 事例の場合であれば、「みんなとは、スタッフ全員のことなの？」と聞くと、たいてい1人か2人が言っていたことを「みんな」と思い込んでいることがわかります。「事実」と「思い込み」が別物であることを理解するだけでも、自分の思い込みからくる感情に振り回されずにすみます。

解決策

介護リーダーであるあなたは、スタッフが行なう「報・連・相」や介護記録に「思い込み」が入っていないかを判断する必要があります。

【悪い記録文（報・連・相）の例】 ご利用者Mさんは、同じフロアのご利用者Aさんのことが嫌いなので、Aさんのそばに座っていただかないほうがいいと思う。

この文面（報・連・相）では、MさんがAさんのことが嫌いだという理由が記載（報告）されていません。

【よい記録文（報・連・相）の例】 ○月○日、ご利用者Mさんは同じフロアのご利用者Aさんが同じことを何度も繰り返し言われるので、Aさんに対して「うるさい！」と怒鳴ることがあった。数日間は、Aさんのそばに座っていただかないで、お2人の様子を観察すること。

【悪い記録文（報・連・相）の例】 Kさんは食べ物の好き嫌いが多く、朝食の食パンを口に入れた後、すぐに吐き出してしまった。

この文面（報・連・相）では、Kさんが食べ物の好き嫌いが多いと断定していますが、その理由も記載（報告）されていないし、それはスタッフの思い込みの可能性があり、事実かどうか定かではありません。

【よい記録文（報・連・相）の例】 Kさんは朝食の食パンを口に入れた後、すぐに吐き出した。「食欲がないのですか?」と聞くと、「数日前から入れ歯の調子が悪くて噛むと痛むんだよ」と話されたので、訪問歯科がある日に受診していただくこととなった。

後半の事例は、食欲がなくなったご利用者に対して、「好き嫌いが多い」と思い込んで記録(報告)した設定となっていますが、実際には、突然、食欲がなくなったご利用者を心配して内科を受診してみたり、食べ物の形態を変えてみて数日経過してもいっこうに改善されず担当スタッフが困っていると、ご利用者の食事の仕方を見た他のスタッフが「噛みにくそう」と気づき、歯科受診し治療すると食欲も改善されたというケースでした。

「報連相」の本質は、「情報の共有化」です。情報とは、あなたが知り得た事実。あなたの「意見」や「憶測」や「感想」ではなく、その事実を伝えてチーム内で共有すること。そして、「事実」と「思い込み」を分けるということです。

2 伝達ミスで風邪のご利用者の腰にシップを貼る!?

事例

特別養護老人ホームで働くKさんは、看護師のDさんから「○○さんが、風邪で今日から貼り薬が処方されていますので、就寝時にお願いします」と言われました。Kさんが就寝時にご利用者の居室へ行くと、シップ薬をご自分で腰に貼っていました。Kさんはシップ薬を貼っているのを確認して居室を出ました。翌日、ご利用者から「昨夜は咳が出て眠れなかった」との訴えを聞いた看護師のDさんが確認すると、処方された※**気管支拡張テープ**が使用されておらず、腰にシップ薬が貼られていました。それを見た看護師のDさんは、「風邪で貼り薬って言ったら、普通わかるでしょう！　介護職でも少しは医療を学ぶべきよ！　リーダーのWさんがスタッフに指導していくべきじゃないの！」と、リーダーであるWさんに詰め寄りました。（※気管支拡張テープ⇒気管支を広げる貼り薬）

介護職が薬剤や症状などの医学的なことを学ぶことは大切なことですが、この事例の場合、スタッフが医学的なことを学んでも解決しません。

多くの組織やチームで、「報・連・相」の重要性がわかっているはずなのに、その漏れや遅れが原因となって、ヒヤリハットやトラブル・事故が起こっている事実は間違いないようです。では、なぜ「報・連・相」の漏れや遅れが生じるのでしょうか? その根本原因に問題の解決策が潜んでいます。「報・連・相」の遅れや漏れが発生する要因には、以下のことが考えられます。

【誰かが報告してくれると思ったケース】

複数のスタッフが担当した場合によく起こります。この場合、複数のスタッフのなかでのリーダーを介護リーダーが任命すれば解決されます。少人数のチーム内でリーダーを経験することが、OJTにもつながります。

【そこまで重要性や緊急性が高いと思わなかったケース】

この場合は、事態に対する認識や経験値の違いから「報・連・相」の漏れが起こります。いくらベテランでも、チーム内の他スタッフとの共通認識がないと陥ることがあるので注意が必要です。

では、どのようなことが重要で緊急なのかということですが、ご利用者の生命に関するようなことは、誰でも重要で緊急だと認識できると思います。それ以外のことで何が重要で緊急度が高いかは、そのチーム内の方針や目的によって異なります。

たとえば、「ご利用者本位のサービスが第一優先」と考える組織であれば、ご家族の要望よりも、ご利用者の要望を優先することを意識するでしょう。介護リーダーが行なうべきことは、日ごろから優先順位の高い項目を伝えることにあります。もちろん、その優先順位はご利用者、ご家族、介護スタッフや医師などとともに考える必要があります。

【目の前の業務に忙殺されて忘れてしまったケース】

実は、これが一番よくあるケースではないでしょうか。忘れた本人に悪気があったわけではないにしても、このよくあるケースをなくしていかなければなりません。

そのためには古典的ですが、「その場でメモを取る」習慣が必要です。手のひらや甲をメモ代わりにしているケースも見ますが、見た目もよくないし、衛生上もよくありません。その場でメモを取る習慣と、終業時に今日書いたメモを確認する習慣の2つの習慣が必要です。「その場でメモを取る」ということは、よく言われるのですが、「終業時のメモの確認」が習慣化されていなければ、せっかくメモを取ったとしても、メモ帳に書かれたままで終わってしまいます。

【自分で何とかしようと思って報告しなかったケース】

報告する相手に苦手意識がある場合、たとえ報告したとしても早くその場から立ち去りたいと感じているのであれば、大事なことを報告しそびれるといったことも起こるでしょうし、目の前の人に苦手意識がある場合、少なからず緊張状態であるために言葉が出てこない状態と考えることもできます。

しかしそれは、スタッフの個人的な感情を優先したレベルの低い発想で、プロとしてどんなに苦手意識があろうとも、ご利用者について必要な「報・連・相」はしっかりと行なう義務があります。しかし、相手に対する苦手意識にスタッフ自身が気づいていない場合も多くあります。何度言っても、「報・連・相」できないスタッフがいる場合は、スタッフと報告する相手との関係性を観察してみてください。

なぜなら、「報・連・相」するスタッフだけを一方的に責めても改善されないからです。情報の共有化を行なうためには、発信者だけの問題ではなく、受信する側の「聞き方」も改善する必要があるからです。

解決策

「報・連・相」の受信のレベルには3つの段階があります。

レベル1：情報を知っているレベル（聞く）
レベル2：情報の意味を理解できているレベル（訊く）
レベル3：情報源（ご利用者）の気持ちに共感できているレベル（聴く）

たとえば、介護施設でのスタッフ同士の朝の申し送りの場面で、

Ａ：ご利用者のＨさんは、深夜3時頃に居室を出てロビーのソファーにずっと朝まで座っておられました。昨夜は、あまり眠れていません。**（レベル1：情報を知っている）**

Ｂ：なぜ、Ｈさんは昨夜、眠れなかったのでしょうか？

Ａ：昨日、面会に来られていた息子さんと口論になったことが気になると話されていました。**（レベル2：情報の意味を理解している）**

Ｂ：そうなんですか。息子さんと口論になったことが気になって眠れなくなったんですね。

Ａ：はい。いつもよくしてくれる息子さんと些細なことで口論となってしまったと気になって、よく眠れないとおっしゃっていました。

Ｂ：そうなんですね。息子さんに悪いことをしたと気にされているんですね。**（レベル3：情報源の気持ちに共感）**

このように、受信する側の「聞き方」により、情報の共有化のレベルも深くなっていきます。「聞き方」と「伝え方」を少し意識するだけで、コミュニケーションレベルは向上します。そうするとチーム内のコミュニケーションの質が向上し、ご利用者へ提供するサービスの質の向上にもつながっていきます。

3 お迎えの病院を間違えて、スタッフもご利用者も待ちぼうけ

事例

サービス内容や変更などの連絡に、メールを活用している訪問介護事業所の主任Eさんは、事業所内の「報・連・相」で困っていました。ある日のこと、通院介助のために△△病院でご利用者を待っているスタッフのFさんに、事務所から連絡がありました。「△△病院から通院介助予定のご利用者ですけど、ずいぶん前から診察を終えられて待っていらっしゃるようです。△△病院から□□病院へ変更になったことを連絡ミスで忘れていました。ご利用者は、1時間も前から待っていて、なかなか来ないから、今、催促の電話があり、ミスがわかりました。すぐに□□病院へお迎えに行ってください」

後日、スタッフのFさんから主任のEさんに「病院を間違えたのは事務所の責任でしょう! ご利用者からは怒鳴られるし、何で私が謝らないといけないの!」と詰め寄られました。

最近では、同じ職場にいる上司に対しても、メールで「報・連・相」するという話を耳にすることがあります。時間や場所を選ばないことや同時に複数の相手に届けられることから、

「報・連・相」の手段として定着したメールですが、同時に弊害も生まれています。

送った側は、メールを送って報告を終えた、連絡した、と思っているのかもしれませんが、その時点で、「報・連・相」は完了していません。「相手がメールを見て内容を理解するまで、もしくは「そうだったんだ」「じゃあ、次はこうしよう」と双方向のコミュニケーションがとれて初めて、「報・連・相」が完了するのです。

このことを、研修に参加している若いスタッフや専門学校生の若い人に話すと、「メールを送って既読になったら、メールを見たということでしょう」と言う人がいます。メールを見て既読になったからと言って、発信者側と同じレベルで理解しているかどうかはわかりません。言うまでもなく、報告も連絡も相談も、ただ伝えるだけでなく、きちんと理解してもらうことが肝心なのです。

そもそも、「報・連・相」をあなたはどう理解していますか？　私たちが、チーム内で使う言語が共通認識されているのかと疑問を持つことが結構あります。同じ意味合でこの言葉を使っているのか。もし、あなたのチームに新人スタッフが入ってきて聞かれたら何と答えるでしょうか？

新人スタッフ：「報告、連絡、相談の区別がつかないんです。教えてもらえませんか？『報告』っていうのはどういうことで、『連絡』っていうのは、どういうタイミングで使い、『相談』っていうのは、どのようにしたらいいんですか？　教えてください」と聞かれたら、介護リーダーのあなたは、どのように伝えますか？

このことについて、実際に介護リーダー研修で話し合ってもらうと、見事に「報・連・相」の説明の仕方がそれぞれバラバラで、独自の理解であることが明白になります。あなたのチーム内で「報・連・相」をどう理解しているのか聞いてみてください。「報告、連絡、相談をどう理解をしているの？」と聞いたときに、スタッフが言葉に詰まったら、いくらリーダーが「報告、連絡、相談しなさい」と言ってもできません。

できないというより、正確には「報・連・相」したとしても情報の共有化が難しいと言えるでしょう。正しい解答があるわけではありませんが、私は以下のようにスタッフに伝えていました。

【報告】は過去のことについて、【連絡】は現在進行形のことについて、【相談】は未来のことについてコミュニケーションをとることです。大事なのは、チーム内で「報・連・相」の共通認識を持つことで、優先順位がチーム内で明確にされているかも大事です。優先順位は、①相談、②連絡、③報告の順番。また、手段も決めておく必要があります。簡単な「連絡」はメールでもかまいませんが、「相談」は必ず電話か事務所に来て対面で行なうことです。

メールに対する価値観は、年代によって大きく異なります。

ある企業研修でのことですが、人事担当者の方が「今の新入社員は、報・連・相ができなくて困っているんです。この間なんて、『報告しろって言っただろう？　何で報告しないんだ！』と新入社員を叱ったら、その新入社員が『課長、見てないんですか？　昨日、メールで報告しましたけど』と平気な顔して言ってくるんですよ」と嘆いていました。

この話の内容は、世代によって反応が違ってきます。おそらく大半の方は、「上司にメールで報告するなんて失礼だ」と受け止められる方が多いと思いますが、同じ話を専門学校でしたところ、学生からは、「メールのほうが失礼じゃないじゃないですか。メールは相手が都合のいいときに確認できるけど、電話は、こっちは都合がよくても相手の都合がわからないので、電話のほうが失礼だと思います」という反応です。

メールに対する価値観は、生まれたときからメールがある世代と、そうでない世代では圧倒的に異なります。ここも、チーム内で共通認識を持つ必要があります。メールは使い方によっては便利なものですが、仕事におけるコミュニケーションツールとして頼りきってしまうと、とても危険です。

たとえば、「了解しました」の短い文章でも、相手の真意はわかりません。「了解しました」はOKということですが、本当に本心でOKなのかどうかがわからないからです。

つまり、スタッフがタバコをプカプカさせながら面倒くさそうに「了解しました」と言ったのか、元気よくハキハキと「了解しました」と言っているのかが判断できないのです。

解決策

あなたのチーム内で「報・連・相」の共通認識を持つこと。リーダーである、あなたの認識とスタッフの認識が一致しているかどうかを確認してみてください。共通認識がないと、チームワークもリーダーシップも成り立ちません。

4 「わかりました!」と言いながらわかっていないのはなぜ?

事例

グループホームでユニットリーダーをしているOさんは、新人スタッフNさんに困っていました。Nさんは、福祉系大学を卒業して入社してきた22歳です。体格もよく介護技術面では問題はないのですが、先輩スタッフやOさんの指示に対して、いつも元気よく「はい!わかりました」と返事をするのですが、実際に仕事を任せると指示とは違うことをしてしまい、先輩スタッフやOさんがやり直すということを繰り返しています。

リーダーであるOさんは、「わからないまま、やってしまうほうが危ないんだから、わからないことは、その場で聞いてね」と、新人スタッフのNさんに何度も言っているのですが、Nさんはいつも元気よく、「はい！　わかりました」と言うのでした。

新人スタッフは「わかりました」と言うけれど、実際にはわかっていなくて失敗してしまう。あなたが新人スタッフに業務内容を教えたり、指示をしていくなかでこんな場面に遭遇したことはないでしょうか？　新人スタッフの失敗のやり直しで、二度手間になってしまい、さらに時間がかかる→新人スタッフに任せるより自分でやったほうが早いし確実→だから、新人スタッフには簡単な業務しか任せない→新人スタッフは、いつまで経っても仕事が覚えられない→その結果、介護リーダーが常にてんてこ舞い。

解決策

なぜ、新人スタッフはわかっていないのに「わかりました」と言ってしまうのでしょうか？　その理由は大きく3つあります。ひとつは保身のため、もうひとつは、間違った配慮のためです。たとえば、以下のように新人スタッフは悩んでいるかもしれません。

ケース①本当に「わかった」と思っているケース

新人スタッフが「わかりました」と言いながら、あなたの指示とは全然違うことをしている場合、あなたからすると「わかっていない」ということになりますが、新人スタッフからすると「わかっている」、「何も間違っていない」「言われた通りにやっている」と思い込んでいる可能性があります。あなたの「わかった」と新人スタッフの「わかった」に差異が生じているのです。

この場合は、その差異を確認する必要があります。たとえば、新人スタッフが行なった業務で不足している箇所やできていない所を一緒に訂正していくのです。

ここでのポイントは、一緒に訂正するところにあります。口頭で指示しただけであれば、新人スタッフは、また「わかりました」と言うこと間違いなしです。

ケース②わかっていないが聞き返せないケース

新人スタッフの間違った配慮による場合と、単に介護リーダーであるあなたが苦手で聞き返せない場合の2通りがあります。

前者の場合、新人スタッフはふざけているわけでも、あなたをからかっているわけでもありません。逆に、真面目だからこそ「わかりました」と言ってしまうのです。新人スタッフは、あなたの様子や状況から、あなたが忙しいことを理解しています。たとえば、こんな感じです。

リーダー：「来週の月曜日にHさんが入居されるから、部屋の掃除とファイルの作成をお願いね」

新人スタッフ：「（部屋って何号室なんだろう？　床の拭き掃除もするのかな？　ファイルってどこにあるんだろう？　リーダーは、いつも忙しそうだし聞き返せない）わかりました……」

一度にいろいろなことを言われて、わからないけれど後で誰かに教えてもらおうと、その場では思うのでしょうが、実際には介護現場でヒマそうな人はいませんから、結局誰にも聞けないまま、わからないまま行なってしまって失敗してしまうことになります。

後者の場合は、あなたが苦手で聞き返せないのです。この場合も、あなたには聞き返すことができず、取りあえず「わかりました」と言って、「後で誰かに教えてもらおう」と思うものの、結局、誰にも聞けなかったパターンが考えられます。

この場合は、あなたと新人スタッフの信頼関係を再構築するしかありません。ぜひ1章4の「介護リーダーがスタッフとともに成長していく方法」の質問を考えてみてください。

ケース③確認のとり方に問題があるケース

あなたが新人スタッフに「わかった？」と聞くから、「わかりました」と答えるケースもあります。20～40代の社会人を対象に「上司に言われたくない言葉」について、ある調査機関が調査したところ、1位にランクインしたのが「言っている意味わかる?」だそうです。あなたは、スタッフに何かを教えたり、指示をして「本当にわかってくれているのかな?」と思って、「言っている意味わかる?」と確認をしたことありませんか? 聞くほうはとくに他意もなく、「わかってくれたかな?」と気になって確認するのでしょうけれど、理解できたかどうか確認を取るということは、その前提に「理解できていない」という疑いがあります。この「わかった?」という言葉は、あなたの意図とは関係なく、「どうせ、理解できていないだろう」という前提で確認しているように相手には聞こえている可能性があります。問題なのは言い方です。「言っている意味わかる?」ではなく、「今の私の説明でわかったかな?」と聞くのとでは受け取り方が違うはずです。

このように、こちらの言い方を少し変えるだけで、相手を傷つけることなく、また「わかったと言ったくせに、わかっていない!」とよけいなストレスを抱えずにすみます。「少し急いで説明しちゃったけど、今の説明で、わからないことがあれば聞いて」と言えば、「いえ。わかりました」「はい。ちょっとわからなかったんですが……」と、相手も抵抗なく素直になることができます。

5 「報・連・相」は、相手の言ったことを繰り返しても意味がない!?

事例

有料老人ホームの管理者をしているRさんは常々、「報連相は相手の言ったことを復唱して確認するように」とスタッフに言っていました。ある日、新人スタッフのWさんが事務所にやってきて、「Rさん教えてください。相手の言ったことのどこまで繰り返せばいいのですか?」と聞きました。Rさんは、「相手の言ったことで自分が重要だと思うところを復唱したらいいんだよ」と答えました。Wさん「私が重要だと思ったところですか?」と戸惑っています。

介護現場や一般の組織でも、連絡ミスや確認を怠ることなく、正確な仕事を行なうために、チーム内で「報・連・相」をしっかりと行ない、コミュニケーションの質を高めることの重要性は前述した通りです。

でも、「報告・連絡・相談をすること」が、なぜ重要なのでしょうか? 研修などで、「報告・連絡・相談」が大切だということを繰り返し言われるので、知識として当たり前のことのように思っているのではないでしょうか。

ここでは、ミスコミュニケーションが起こる原因を解説しながら、コミュニケーションの落とし穴と、その対処方法をご紹介します。

1章でもお伝えしましたが、私たちがコミュニケーションをとるとき、頭の中で何らかの体験を思い浮かべながら言葉を発しています。まず、あなたが感動する映画を見たとして、その感動を誰かに伝えようとする場合、言葉を使って伝えます。そこで、まず体験があって、その体験を言葉を使って表現します。そして、自分の体験を話す場合、言葉はほんの一部しか表現できないため、体験を言葉を使って表現する際には多くの情報は省略されると考えることができます。

たとえば、感動する3時間の長編映画を見たとして、それを誰かに伝えるときにあなたは3時間かけて説明するでしょうか? 「すごく感動的な映画だった……」と説明しても、せいぜい2、3分だと思います。ここで大幅に省略が起こっています。

では、感動する映画の説明を聞いている聞き手は、説明している話し手の言葉をどう受け取っているのでしょうか? 感動する映画の話を聞いている聞き手は、話し手の言葉だけを聞いています。しかし、聞き手は話し手の言葉を聞いたとして、その言葉から話し手が見ているイメージや映像と同じものを見ることができるでしょうか? もちろん、同じイメージや映像を見ることはできません。聞き手は何をイメージしたり感じたりしながら話し手の話を聞いているかというと、聞き手自身の過去の体験・経験に照らし合わせながらイメージしたり、想像しながら聞いているにすぎません。

実は、言葉を受け取った聞き手は、その言葉を自分自身の過去の体験・経験に照らし合わせているだけなのです。たとえば、同じ映画やテレビドラマを観たとしても人によって捉え方が違い、感動する場面は人によって異なります。

そして厄介なのが、自分が受け取ったこと、自分が思ったことは自分自身にとっては「正解」で「常識」で「当たり前」だということです。自分自身にとっての「正解」や「常識」や「当たり前」を、相手にも同じことを期待したり、同じことを押しつけようとするところにコミュニケーションの落とし穴があります。10人いたら、10通りのものの捉え方があります。

なぜ、このようなことが起こるのでしょうか？　それは、「私たちは、ものごとをありのままに見ているのではなく、自分のフィルター（価値観、記憶）を通して、自分なりのものの見方で見て解釈しているから」と考えることができます。

人それぞれ、育った環境も経験も違うため、価値観が異なっています。たとえ同じ環境で育った兄弟であったとしても、体験や経験は異なるはずです。そして、価値観（記憶）などがフィルターとなって、同じものを見ても捉え方が違ってくるのです。

解決策

ミスコミュニケーションを防ぐ方法は「質問」と「確認」です。

話し手が話しているときに頭の中でイメージしていることは何なのか？　聞き手が話を聞きながら頭の中でイメージしていることが同じなのか？　話し手と聞き手の頭の中でイメージしているものが同じかどうかの「質問」と「確認」です。

実は、研修でよく言われている「相手の言ったことを確認のために復唱しましょう」というのは、何の意味もありません。相手が言った言葉をそのまま復唱しても、確認したことにはなりません。実際にあった事例でご説明します。

私が担当していた在宅サービスの事例です。生活援助サービスで買い物をヘルパーが行なっていました。ヘルパーが「今日は何を買ってきましょうか?」と聞いたところ、ご利用者から「ミルク1本買ってきてちょうだい」と言われました。ヘルパーは「報・連・相」の確認は、ご利用者の言葉を復唱することが大事だと、「ハイ。わかりました。ミルク1本ですね」と確認しました。ご利用者もヘルパーの言葉に「そうそう。ミルク1本お願いね」と言われました。そして、ヘルパーは、いつもご利用者宅の冷蔵庫に入っている牛乳パック1本を買ってきました。すると、ご利用者は「ミルク1本と言ったのに！　何を買ってきているの！」とクレームになりました。

ここまでの話であなたは、クレームが発生した理由がわかりますか？　ヘルパーの「ミルク1本ですね」に対して、ご利用者は「そうそう。ミルク1本お願いね」と言われています。言っている言葉は合っています。実は、ヘルパーは「ミルク1本」と言われて自然といつも冷蔵庫に入っている牛乳パックをイメージしながら話していました。しかし、ご利用者は「ミルク1本」と言ったときには、コーヒーに入れるミルクのビン1本をイメージしながら話していたのです。

ここで確認するのであれば、ヘルパーが頭の中でイメージした「牛乳パック1本でいいですか？」と確認すれば、「そうではなくて、コーヒーのミルク1本ね」と訂正されたはずです。

このように、言葉を介したコミュニケーションにおいて言葉を受け取った聞き手は、その言葉を自分自身の過去の体験・経験に照らし合わせているだけなのです。

だから話し手と聞き手の頭の中でイメージしているものが同じかどうかの「質問」と「確認」が大切なのです。

6 5章のまとめ

情報共有で必要なことのひとつに、「リーダーの情報収集力」があります。つまり、リーダーが「報・連・相」をしてきたスタッフに対して、どう向き合って、情報を聞き取るのか、情報収集するのかということです。とくに、スタッフがミスしたときには、リーダーの情報収集力が試されます。往々にして「トラブル」が絡んでいるのは、「報・連・相」が遅れやすくなるものです。

そして、介護リーダーがトラブル処理の対応をしていくなかで後々まで尾を引くのも、トラブルが発生して、かなり経ってから発覚したというケースではないでしょうか。

以前、トラブルをリーダーに隠して自分で何とかしようとしていた介護スタッフに「どうしてリーダーに報告せずに、自分で何とかしようとしたの? 隠しているのは辛かったでしょう?」と聞いたことがあります。すると、スタッフはリーダーに相談すると、「そのくらいは自分で考えなさい」と言われ、自分で考えて進めていると「勝手に進めるんじゃないの」と叱られ、何を「報・連・相」してよいのか区別がつかなくなって、何でも報告していたら「いつまでも頼らないで、やる気あるの!?」と、何を言っても怒鳴られ、それからはできるだけ自分で何とかしようと思ったんですと話していました。

過去にミスをしたことを報告するときにリーダーから怒鳴られたり、詰め寄られたりした経験があると、報告すること自体が恐くなって、この事例のようにスタッフは自分で何とかしようとする可能性があります。その結果、「報・連・相」が遅れ、対応も遅れることになります。

悪い報告を受けたら冷静に指示や対応を行ない、トラブルがひと段落してから、ミスを報告してきたスタッフに、「今回の件は、ご家族からの要望を忘れていた○○さんのミスだよ。今回の反省を今後に活かすために何ができるのかを一緒に考えてみよう。それと、自分のミスを早い段階で報告してくれたのはよかったよ」と、反省すべき点とミスを報告した点の両方を伝えるようにしてください。

これだけで、「報・連・相」の質は違ってきます。一時的な感情に流されずに、本当に大切なことを優先する。情報処理のために、どんなに高価な介護ソフトを導入しても、どんなテクニックを使っても、スタッフに情報伝達の意識がなければ宝の持ち腐れになります。大切なことは、チーム内のスタッフ間のコミュニケーションです。

6章

問題解決力

業務時間内で終わらない、休みがとれないのはなぜ?

1 夏休みの読書感想文ぐらいしか書いたことがないのに書類の山

事例

小規模多機能ホームで管理者をしているTさんは、介護保険制度がはじまると同時にヘルパーになりました。長年の経験を買われて3ヶ月前から管理者になったのですが、管理者が作成しなければならない書類の多さに辟易しています。Tさんは、「事務仕事が嫌いだから介護職になったのに、記録を書くなんてできない。文章なんて、夏休みの読書感想文ぐらいしか書いたことがないのに」と嘆いています。

介護の仕事をする上で欠かせないのが介護記録です。記録が残っていなければ、介護報酬返還になったり、介護報酬が請求できないことを考えると、記録がないというのは、ある面から見ると、仕事をしていないのと同じと言われても仕方がないのかもしれません。

それぐらい、業務の中でも大事なウエイトを占めるはずの書く作業は、介護職の重荷になっている作業でもあります。しかし、対人援助を仕事としている介護職にとって「書く」ことは、1日の業務の中では軽く位置づけられがちな仕事です。文章を書くことに強いアレルギーがある場合、一朝一夕で改善できるものではありません。ここでは、その問題解決にフォーカスしたいと思います。

仕事をしていると、さまざまな問題が発生します。解決しやすい問題から難しい問題まで、日常たくさんの「問題」が発生します。業務を妨げてしまう事柄に対して「これが問題なんだ」と明確にできるリーダーは、問題解決力が優れていると言えます。

なぜなら、問題を明確にすることができると、自ずと今やらなければならないことが見えてくるからです。そもそも、あなたは何が問題なのか明確になっているでしょうか? まず、書類作成ができていないことについて、問題だと思っていることを3つ書き出してみてください。

「介護記録が書けていないこと」と書いた人はいませんか? 書類作成ができていないことの問題をどこの視点から見るかによって、問題の見え方は変わってくるはずです。

たとえば、「私が書類作成できていない理由は何だろう?」と自分自身を内省して見ることができたら、「語彙が少ないこと」「文章を書くことに慣れていないこと」「記録を書く時間の確保ができていないこと」などが問題として出てくるかもしれません。

しかし、問題を自分のこととして捉えていないと、「介護記録が書けていないこと」と答えてしまうかもしれません。これはたとえば、スタッフが介助している最中にご利用者が転倒したとして、あなたが「何が問題だったの？」と聞いたときに、スタッフが「〇〇さん（ご利用者）が転倒したことです」と答えているのと同じことです。あなたは「問題なのは、〇〇さん（ご利用者）が転倒したことです」と答えるスタッフがいたら、あっけにとらわれるのではないでしょうか。あなたは、「介助中に手が滑ったんです」とか「床に置いてあったバケツにつまずいたのです」といったような、問題が起こった原因を聞いているはずです。目の前の問題を解決したいのであれば、自分自身が影響を与えることができる事柄にフォーカスするしかありません。「介護記録が書けていない」ことから、自分自身が変化できることを考えてみてください。

私たちは、今までの常識や思考パターンで物事を解釈したがります。そのほうが楽だし、安全だと感じるからです。問題を明確にすることが難しいのは、2章4「『お年寄りと話すのが好き』なのに、リーダーになったら、ますます話す機会がなくなった」でお伝えしたように、問題にとらわれてしまうと、広い視野で物事を捉えることが難しくなるからです。

ここで、別の視点から考えていきたいと思います。あなたは「どのように介護記録を作成することが理想なのでしょうか？」

たとえば、「その日のうちに記録を作成することが理想」「残業せずに書類整備できているのが理想」「メモ書きではなく記録として残せているのが理想」など、あなたが理想だと思える状態を考えてみてください。

実は、ほとんどの人が自分の理想となる状態を明確にしないまま、問題だけにフォーカスしてしまっているのです。それでは、次に自分が何をするべきなのか、どんなことをしたらいいのかがわからないままで、結局「やっぱり無理だ」と思ってしまいがちです。理想となる目的が定まっていなければ、自分が進むべき方向がわからないのは当然です。

自分が目指す目的や目標が定まったら、次は自分の現在地を考えてみてください。目的地だけを明確にしても、現在地がわからなければ行き方がわかりません。

たとえば、ご利用者宅へ訪問する場合でも、地図で事業所の場所（現在地）とご利用者宅（目的地）を探してから行き方を考えるはずです。「ここの公園を右に曲がったほうが近道だな」「あそこの角を左に行って、信号を3つ目を左だな」と、行き方が見えてきます。目的地と現在地の2つがわかっているからこそ、プロセスが見えてくるのです。両方が明確になっているからこそ、最短のルートがわかるのです。これは、私たちの問題解決についても同じことが言えます。

「行き先」と「現在地」を明確にすると、どんなにギャップが大きくても、ゴールに向かうための一歩をどちらに進めるべきかがハッキリします。この間を一歩ずつ埋めるしかありません。そうすれば、どれだけ時間がかかるかわかりませんが、必ずゴールに着きます。

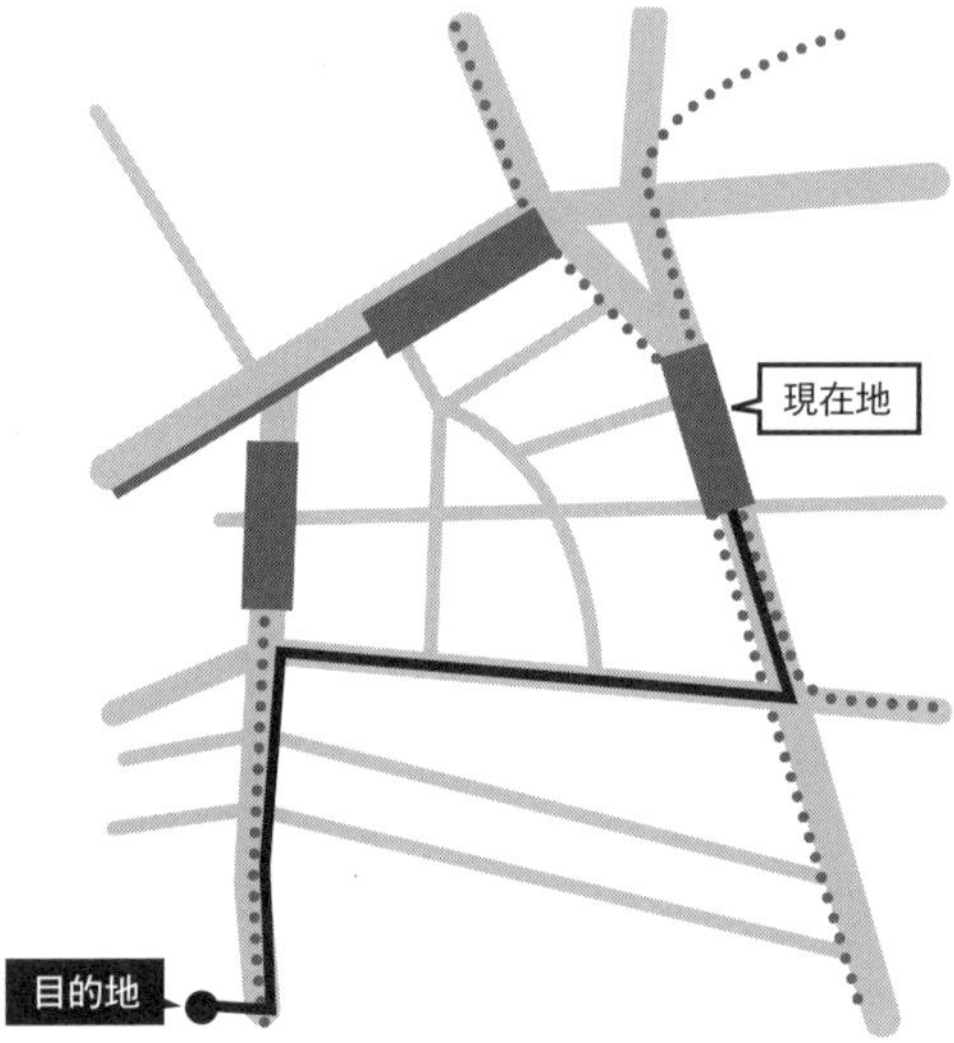

解決策

目の前の問題を自分のこととして捉え、何が問題なのかを明確にする。そして、自分自身が影響を与えることができる事柄にフォーカスしてみてください。

その目の前の問題がどうなることが、あなたにとって解決であり理想なのかを考え、その問題のゴール（目的地）を考えてみてください。

質問①　あなたが向き合うべき問題は何ですか？

質問②　仕事を効果的にするために、やり方を変えたほうがいいものは何ですか？

2 ご利用者宅の食事は5回つくっても、自宅ではコンビニ弁当

事例

訪問介護事業所で副主任をしているHさんの、調理や掃除といった**※生活援助**には定評があります。そのため、Hさんにお願いしたいと言われるご利用者は多く、1日に4~5件の生活援助サービスで、調理を行なうといった日もあるほどです。サービス稼働時間が長くなると書類を作成するにも残業するしかなくなり、ついつい帰宅時間が遅くなる日が続いてしまっています。自宅では中学生の息子さんが待っているのですが、ここ数日はコンビニ弁当を買って帰るという日が続いていました。Hさんは、「ご利用者宅では調理ばかりで料理の腕前は上がったけれど、自分の息子にはコンビニ弁当しか食べさせていないなんて……」と愚痴をこぼしてしまうのでした。

4章1の「何を言っても響かない、ため息ばかりのスタッフ」でもお伝えしましたが、まずは、あなたの働く上での目的を思い出してみてください。「家族と幸せに暮らしたい」のなら、これがあなたの目的です。お金を貯めて、「マイホームを購入して温かい家庭を築き

たい」、あるいは「老後の資金にして、安心した老後を過ごしたい」なら、これがあなたの目的です。

そして、その目的や事柄を実現するためにクリアにすべき要素が「目標」になります。日々の業務に追われているうちに、仕事は家族を幸せにするツールのはずが、いつの間にか仕事がメインになってしまい、「家族と幸せに暮らす」という目的を忘れてしまいます。

人を相手に命を預かる仕事をしている介護職は、突発的な対応を迫られたり、目の前の業務に駆り立てられ、いつの間にかプライベートのことを考える余裕がなくなってしまうのが現状でしょう。当然ですが、長時間労働になると、それだけプライベートの時間が削られ、ストレス発散の時間や心身を休める時間が減っていくということになります。

介護職であるみなさんの中には、ワークライフバランスなど「とうていムリだ」と最初から考えている方がいらっしゃいます。その背景には、ワークライフバランスというのは、「勤務時間を減らして早く家に帰ること」と考えていらっしゃる方が多いようですが、「勤務時間を減らす」ことで、「仕事の量を減らせる」わけではありません。

「勤務時間を減らして仕事の量は維持する」――この一見、矛盾することを、どうやって実現していけばいいのかを、ここでは考えていこうと思います。

「勤務時間を減らして仕事の量は維持する」ということは、勤務時間内にいかに集中力を発揮し、効率よく仕事をこなしていくかがカギになります。介護職研修を行なっていて私が感じるのは、介護職の多くの方は集中力が短時間しか続かないという点です。集中力がないということは、よく言えば「創造的でアイデアが豊富」「好奇心旺盛」「まわりに気を配ることができる」など、介護職には必要な要素ばかりです。しかし、悪く言えば「感覚的で論理的ではない」「同じことを継続することが苦手」「集中力がない」ということになります。

介護職に限らず、仕事中にひとつのことに集中するのは難しいことかもしれません。ルーティンワークがあり、電話もかかってきます。同僚やご利用者から声をかけられることもあります。いくら集中しようと努力しても、まわりの環境がそうはさせてくれません。

では、集中力を高めるために自分ができることから考えていきましょう。まず、自分の机の上を見てください。書類やFAX用紙、施設や福祉用具のパンフレットなどが雑然と置かれてはいませんか? パソコンの縁やデスクの上に付箋やメモがやたらと貼り付けてありませんか? 実は、こんな身のまわりのことが集中力を発揮する妨げになっています。机の上が雑然としていても、「何がどこにあるかわかっている」と豪語する人がいます。でも、そういう人に限ってひとつのことに集中することができず、やることがどれもこれも中途半端ということが多い傾向があります。

「机の上は自分の頭の中と同じだ」。これは、私がケアマネジャーの頃に上司から言われた言葉です。つまり、机の上が雑然として整理されていない状態は、仕事でも自分がやるべき仕事の優先順位がつけられていない状態と同じだということです。

自分が、これから何を最優先で処理しなければならないのか。それをはっきりさせるためには、まず、机の上から最優先事項以外のものを整理します。最初は難しいかもしれませんが、これが集中力を高めて仕事の効率をよくする第一歩です。

そして、自分がどんなときに集中力を発揮して、時間が経つのを忘れて没頭しているのかを考えてみてください。

たとえば、自分の趣味や好きなテレビドラマを見ているとき、何か好きなものを創作しているときには、知らず知らずのうちに集中しているはずです。実はこれが簡単な集中力を高める方法のひとつなのです。人は、自分の好きなもの、興味のあることには時間が経つのも忘れて没頭することができます。

しかし、仕事となると集中力がとたんになくなり、「この書類にも目を通さなきゃ」「ここにも連絡しなきゃ」「申し送り簿に書かなきゃ」と、注意散漫になりがちです。

では、どうすれば集中力を発揮して目の前の仕事に意欲的になれるのでしょうか。まずは、時間を区切ってひとつのことに取り組んでみてください。そうすることにより、徐々に自分の集中力を鍛えていくことができます。

小さな成功体験を積み重ねることができ、しだいに自分の集中力に自信が持てるようになります。最初は5分、それから10分、15分と時間を区切って、少しずつ集中して行動する時間を増やしてみてください。

この方法は、スタッフ育成にも役立ちます。5分間集中して作業ができたスタッフには必ず「5分間集中してできたね」という声かけを忘れないでください。

解決策

自分が、これから何を最優先で処理しなければならないのかを明確にするために、机の上から最優先事項以外のものを整理します。

集中力は、意欲と密接に関わっています。仕事に対して集中力を発揮して意欲的に取り組むために、まずは、時間を区切って何かに取り組み、小さな成功体験を積み重ねます。

そして、あなたの仕事をする上での本当の目的を思い出してください。

質問① あなたは、誰の笑顔を見ると幸せを感じますか?

質問② あなたがもっと笑っていたら、何が変わると思いますか?

(※生活援助サービス⇒身体介護以外の調理、洗濯、掃除、買物の代行などの家事や生活等に関するサービスなど)

3 スタッフの勤務シフトはパズルのピース⁉

事例

介護老人保健施設でフロアリーダーをしているHさんは、シフト管理に頭を悩ませていました。今回も1日がかりでシフトを作成したと思ったとたん、スタッフのKさんが「Hさん、相談があるんですけど、子どもが産まれたばかりで金銭的にピンチなんですよ。来月は夜勤中心にしてください」と言ってきたり、スタッフのYさんからは、「この日は休みをくださいって、昨日言ったじゃないですか。この日はコンサートに行くんですから絶対に休みますからね」と言われるなど、毎回のようにシフト作成に時間がかかってしまいます。一度、シフト作成した後からの変更が多く、その変更の連絡ミスでスタッフが出勤してこなかったり、ダブって出勤してきたりする事態が続いていました。

スタッフからは「休みをもらいますって言っているのに、意地悪でシフトに入れるのよ」「Hさんの都合でシフト組まれても困るわよね」と、リーダーとしての信用もなくしてしまっています。「シフト管理だけに時間をかけられない！　パズルのピースを埋める作業みたいでシフト作成って大嫌い！」とHさんは嘆いています。

自己中心的なことを言ったり、公私混同するスタッフは、程度の差はあっても組織の中に1人はいるのではないでしょうか。実際、シフト作成は、パズルのピースを埋めていくようなものです。

毎回、スタッフそれぞれに多かれ少なかれ私用が発生し、固定できないのが現状でしょう。とくに夜勤のある施設では、年末年始、お盆の時期は調整がさらにたいへんになります。

そんな中、人員基準を満たしたシフト表を作らなければなりません。仕方なく、管理者が無理をしてフォローしてしまうという話をよく耳にします。

スタッフのやむを得ない私用がたまたま重なってしまった場合は、「一時的なことだから」とフォローすることもできますが、理不尽な理由で堂々と変更を強いられると、さすがに疲れてしまいます。安易にしたがうと、他の常識あるスタッフからは不信感を持たれ、信頼関係が崩れてしまう可能性があります。

自分を犠牲にすれば、うまく回るシフトが作れるのかもしれません。社内の会議や研修も、自分の休みに充てておけば参加者が増えて、より会議や研修がやりやすくなります。

通常業務も行ないながら、残業をしたり休みを返上してリーダーが人一倍頑張ってしまうという行為には、リーダーとして最も大事なことが欠落しています。無理をして、限界に達しているリーダーの姿を見て、スタッフが将来の夢を持てるでしょうか。また、「私もリーダーになりたい！」と思うでしょうか。リーダーが疲れはてていて、イライラして余裕のない表情でいたら、何かあってもスタッフは相談できないばかりか、話しかけることすら躊躇してしまいます。1人で全部を背負い込んで、その結果、身体を壊してしまったのでは元も子もありません。リーダーが1人でできる仕事量には限界があります。スタッフに相談して頼ってください。

そうすることで、積極的にスタッフから意見が上がるようになります。まず、今回の事例の場合は、シフト希望の出し方を確認してください。まずは、シフトの希望を出す場合は、口頭ではなく、「シフト希望申請書」を作成して最終的に管理者や施設長まで承認が必要な書式を準備しましょう。シフト変更の場合も、「変更申請書」として同様に取り扱います。

そして、この提出期限は1ヶ月以上前までとするなどの期限を定めます。シフトを決める直前では困りますので、しっかりとした運用ルールをつくりましょう。

介護現場のシフト管理は、スタッフの私用も考慮しながら、人員基準を満たしたものにしなければならないので、現場ではとても慎重に行なわれていると思います。

ある施設で、「シフト作成にさほど時間をかけずにできる」と話されるリーダーにお話をうかがいました。すると、スタッフ全員が人員基準を把握しており、お互いを思いやり、フォローし合っているのでリーダーが口出しをすることなく、スタッフ同士で助け合ってシフトを決めてくれているとのことでした。そして、スタッフ同士が助け合っている姿は、シフト面だけではなく業務中も見てとれてとても感服しました。

この施設では、「全員リーダー論」をスローガンに掲げて、スタッフ全員にリーダーの仕事を「なぜ、この仕事が必要なのか?」を説明しているとのことでした。そのため、スタッフ全員が※**介護事業所の人員基準**の大切さを熟知していたのです。スタッフ教育に力を入れたことで、シフト管理にも時間がかからなくなったという言葉が印象的でした。

実際、人員基準違反となって、事業所の指定取り消しや介護給付費の返還ともなれば、スタッフも「私たちには関係ない」とは言っていられない事態となります。このことをスタッフに理解してもらうことからはじめてみてください。

解決策

口頭での申請を認めず、「シフト希望申請書」を作成し、提出期限は1ヶ月以上前までとするなどと定めます。しっかりとした運用ルールをつくりましょう。

そして、スタッフ全員に自社の人員基準と人員基準違反となった場合のデメリットを伝えてください。

(※介護事業所の人員基準⇒介護保険法で職員配置の最低基準が設けられています。介護事業所（居宅介護支援、訪問介護系サービス、通所介護系サービス、施設系サービスなど）には、介護支援専門員（ケアマネジャー）、看護職員、生活相談員、介護職員、機能訓練指導員、常勤管理者など、さまざまな職種のスタッフが携りますが、概ねスタッフの定員はご利用者数によって人数が決められています。人員基準違反があった場合は、事業所の指定取り消しや受領した介護給付費（加算額を含む）は返還しなければなりません）

4 営業なんてしたことがないのに……どうしたらいいの？

事例

デイサービスセンターで管理者をしているWさんは、本社で行なわれるブロック報告会に参加しなければなりませんした。本社で半期ごとに集まり、デイサービスの稼働率や予算達成率などの報告を行なうのですが、営業が苦手なWさんは、報告会がいつも憂鬱で仕方がありません。利益を上げる必要があることは理解しているつもりでも、実際に何をどのように営業をしたらいいのかわからず悩んでいました。

介護現場でよく見かけるのは、「営業に行ってきます」と近隣のケアマネジャーに、自社のパンフレットと名刺を手渡すことが営業だと考えている人がいるようですが、これは営業どころか、ケアマネジャーにとっては「忙しいのに時間をとられた」と、弊害になっている場合が多々あります。

実際に、私が現場でケアマネジャーをしていた頃、たくさんの介護事業所の方がパンフレットと名刺を持ってご挨拶に来られていましたが、いざ仕事を依頼するときにいただいた名刺から探すといったことは、一度もしたことがありません。

介護職についたスタッフのほとんどは、営業未経験者です。だから、どんな目的で何をするのかを指導しなければ、絶対に営業ができるようにはなりません。そして、もうひとつ介護業界の営業の難しさは、「差別化が難しい」ことにあります。他の介護事業所や施設との差別化が難しいから、介護スタッフが近隣住民の方や地域のケアマネジャーに営業に行っても、決まり文句しか言えないのです。これでは、ご利用者やケアマネジャーの心を動かすことはできません。

介護職が営業が苦手なのは、そもそも、営業経験がまったくないスタッフがほとんどだからです。経験がないうえに、他の介護事業所や施設と差別化しにくい介護業界の営業では、何をどうアピールしてよいのかわからないのも仕方がありません。

逆に言うと、ほとんどの介護事業所のスタッフが「攻め」ない業界で、「攻め」の営業ができれば、稼働率が下がるはずがありません。まず必要なのは、自分の介護事業所のサービスや施設の「ウリ」を明確にすることです。

そのためには、私たちが売り込む商品を考えなければなりません。私たちは、いったい何を売っているのでしょうか？　介護職の商品とは何でしょうか？　一般のビジネスには商品があります。2章でもお伝えしましたが、たとえば、雑貨店であれば、食器や時計などが商品であり、コンビニであれば、パンやお惣菜、飲み物などが商品です。では、介護事業所の商品とは、何でしょうか？　介護サービスそのものも商品だし、ハード面では建物の外観や機能も商品、デイサービスや施設の雰囲気、※**サービス担当者会議**の際の発言や提案、介護職員のマナーや笑顔なども商品です。

一般のビジネスに比べると、介護事業所の商品は多岐にわたります。実際に私がケアマネジャーだった頃、ご利用者を送った後なのでしょうが、社用車の中で介護スタッフがタバコを吸っているのを見て、「あの施設では、ご利用者を乗せる車でタバコを吸うんだな」とがっかりした経験があります。少し乱暴な言い方ですが、一般の商売は商品を売ったら終わりか

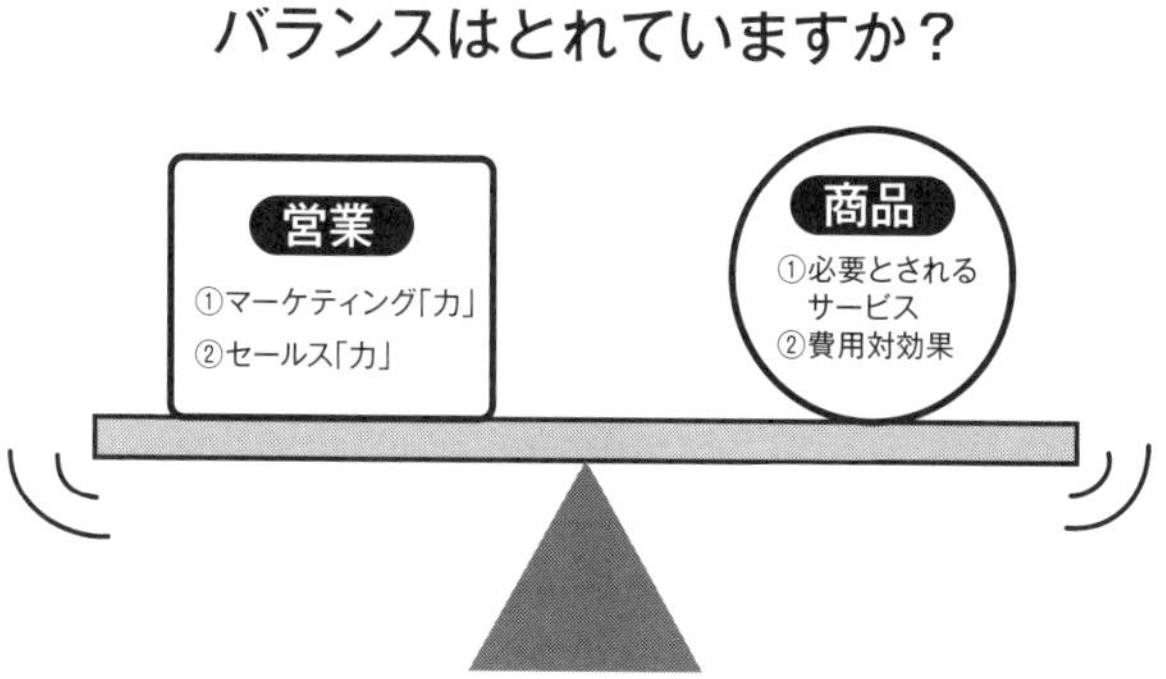

もしれません。しかし、介護業界の商品は、一度提供して終わりということではなく、使い続けてもらわなければならない商品です。

たくさんの質のよい商品と営業(セールス)のバランスが、介護職には必要です。福祉理念と経営理念のバランスです。営業だけでもダメだし、福祉の理念だけを大事にしてもダメなのです。もちろん、「福祉サービス」といえども、売上げは大事です。慈善事業ではありませんから、それ相応の「対価」をいただかなければ成り立ちません。ただ、間違った解釈をしないでください。

サービス業の仕事とは、「対価のためにサービスをする」ことではありません。「サービスの結果、相手に喜びや満足感を提供できたことの対価をいただく」、これこそがサービス業の本質ではないでしょうか。

解決策

①あなたの事業所や施設が提供しているサービスの

バランスが大事!!

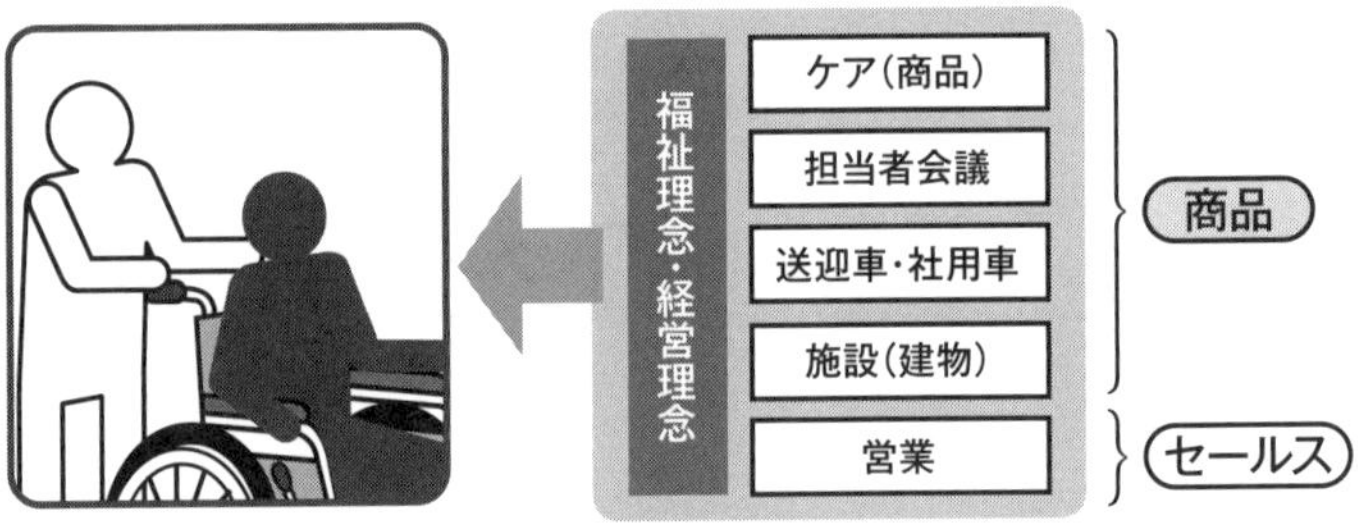

「ウリ」を考えてみてください。

②あなたがケアサービスを行なう上で大切にしている思いや信念を、具体的に考えてみてください。

③あなたの事業所や施設のケアサービスを受けたご利用者に、どうなってほしいのかを考えてみてください。

①〜③をつなげると、立派な営業トークになります。

たとえば、**①うちのデイサービスでは庭で野菜を栽培していて、ご利用者と一緒に土を触って収穫しているのです。**

②それに、※機能訓練はご利用者の残存能力の維持・向上に力を入れていて、本来の自立支援を大切にしています。

④そうすることで、ご利用者自身が生活する中で楽しみや幸せを感じられるようになってほしいとスタッフ一同頑張っています。よろしくお願いします。

自社の「ウリ」を明確にできることこそ、他の介護事

①あなたの事業所や施設が提供しているサービスの「ウリ」を考えてみてください

↓

②あなたがケアサービスを行なう上で大切にしている思いや信念を、具体的に考えてみてください

↓

③あなたの事業所や施設のケアサービスを受けたご利用者に、どうなってほしいのかを考えてみてください

↓

①＋②＋③をつなげる営業トーク

業所や施設との「差別化」なのです。

そして、もうひとつ実際に私がやっていたことに「ありがとうＦＡＸ」があります。一般のビジネスパーソンで、一度名刺交換した相手へ「ご縁に感謝します」とハガキを送られる方がいらっしゃいますが、私は名刺交換した方や飛び込み営業した先へ、当日の夕方や翌日に「突然にうかがいましたのにありがとうございました」とＦＡＸを送っていました。すると、別の機会にお会いしたときには、「あのＦＡＸの人」と名前までは覚えてくださっていなくても、「ありがとうＦＡＸ」は覚えてくださっていることで、新規プランをご紹介いただくことが多くありました。自社のパンフレットと名刺を手渡すだけでは印象に残りま

せん。印象に残るということは思い出してもらいやすいということですから、ご利用者獲得につながりやすいのです。ぜひ、試してみてください。

（※サービス担当者会議⇓ケアプランを作成する際に担当ケアマネジャーや介護サービスを提供する事業者、ご利用者やその家族、主治医などが集まって各々の立場からの意見を言いサービスを検討する会議）

（※機能訓練⇓身体の一部に麻痺などの機能障害がある人が、残存能力の維持向上を目的として行なう訓練）

5 ケアマネから信頼され、ご利用者を紹介される実績報告の方法

事例

訪問介護事業所で主任をしているSさんは、毎月のご利用者数が安定せずに困っていました。今月も、ご利用者の入院が相次ぎ、予算達成が難しくなっています。毎年、2月の寒い時期や8月の暑い時期になると、ご利用者の体調が安定せず、入院してしまったり施設入所

があるので、利益率が下がるのです。

ご利用者の体調のことですから仕方ありませんが、利益が出ていなければ求人広告が出せません。1年の中でも意識して、2月、8月にはサービス可能な時間帯をFAXで地域のケアマネジャーに送ってはいるのですが、あまりご利用者獲得には至っていません。

前項でもお伝えしましたが、介護職は営業が苦手だと答える人が多く、ほとんどの介護事業者のスタッフが「攻め」の営業ができていません。そんな中で「攻め」の営業ができれば、稼働率が下がるはずがありません。

では、なぜ「攻め」の営業ができないのか、介護職はなぜ営業が苦手なのか、理由は2つあります。ひとつは、「営業＝売り込み」だと考えていること。相手に不必要なものを、強引に売り込んで買ってもらわなければならないとイメージしていることです。

2つ目は「営業＝自分がしゃべらなければならない」と思っているケースです。自社のサービスのよさやメリットを、パンフレットの端から端まで読み上げなければならないと思っているわけです。

前者は、介護サービスは必要な方が必要なサービスを選択する仕組みですから、強引に売り込むこと自体あり得ないため、間違ったイメージでしかありません。ですから、介護職が

「営業が苦手」と答える背景は、後者の場合がほとんどだと思います。

でも実は、一般的にトップセールスを叩き上げる、できる営業マンは〝聞き上手〟と言われています。プロローグでも書きましたが、私自身がダメ社員でした。自分がご利用者獲得できないことを地域のせい、会社のせい、他人のせい、できない理由のすべてを自分の外に向けていた頃は営業が嫌いで苦手でした。

よく考えたら、そんな他力本願の人に※**ケアプラン**をお願いしようなんて思わないのは当然ですが、そんな私がいつの間にか社内でご利用者獲得数トップになれたのも、コーチングに出会って「聴く」ことを学んだおかげです。

介護職の営業は、ゴリゴリ押しの営業である必要はありません。相手にとって本当に必要なニーズを引き出して、そのニーズに合ったサービスを提供することが大切なのです。では、どのように私の聴き方が変わったのか、具体的にご紹介します。

相手の話を、黙って無表情で聴いていたのでは、相手はちゃんと聴いてくれているのかと不安になってきます。ただ単に、耳に入ってきている聴き方ではダメなのです。ちゃんと聴いていることが相手に伝わらなければ、相手の満足感は得られません。聴き上手な人は、「ちゃんと聴いていますよ」ということを相手にしっかりと伝えているのです。

・「そうなんですね」「なるほど」「そうですか」の相づち

会話中に、「そうなんですね」「なるほど」「そうですか」と相づちを挟みます。その相づちにより、相手は自分の話をちゃんと聴いてくれているのだという安心感が得られ、どんどん話を膨らませてくれます。

・表情は豊かに

私がコーチングを学んで一番変わったのは、表情だと思います。今では「表情が豊かだね」と言われるのですが、昔の私は無表情で普通にしているだけで「怒っている?」と聞かれることがありました。表情が豊かだと、それだけでも好印象を与えることができ、話を聴きながら、さまざまな表情で反応していると、相手の信頼感を得ることができます。表情の豊かさも、あなたの営業における大切なツールのひとつなのです。

・とにかく聴く

相手の話の途中で割って、自分の話をしないことです。これが、簡単なようでできていないものです。とにかく、相手が話しているときには聴くことに徹してください。

そして、もうひとつケアマネジャーの立場からお伝えしておきましょう。サービス利用の実績を、月初めには担当ケアマネジャーへ提出されていると思います。その実績報告と併せて、ご利用者がどのようにサービス利用されたのかを簡単にまとめて提出すると、ケアマネジャーに喜んでもらえます。なぜ、この方法がケアマネジャーに喜ばれるのかと言うと、※**ケアプランの短期目標**の達成状況が判断でき、そして達成状況の根拠となる、サービス利用されたときの状況が把握できるからです。

ご利用者がサービス利用されたときの状況について、簡単でも記載があればケアマネジャーにとっては、その後の※**モニタリング**がしやすくなって助かります。バイタルや食事量などもそうですが、「何月何日」に利用されたときに、「どんな様子」だったのか、たとえば、サービス利用中に話された「お正月にお孫さんが遊びに来ると話され、楽しみにされています」「明日の通院時に血液検査をされるため、おやつは召し上がっていません」などといったことでかまいません。

ケアマネジャーによっていろいろな考えはあると思いますが、実績報告に細かな情報が併せて報告してもらえると、ケアマネジャーが毎月行なうモニタリングがしやすくなり、そして、ケアマネジャーが記載する※**居宅支援経過記録**の作成に役立てやすいという面があります。そして、何と言ってもそこまで細かく報告してくれる事業所をケアマネジャーは信頼し、安心してご利用者を紹介してくれます。

解決策

会話中に「そうなんですね」「なるほど」「そうですか」の相づちを挟みます。

そして表情を豊かにして、相手に好印象を与えます。話を聴きながらさまざまな表情で反応していると、相手は信頼感を得ることができます。つまり表情の豊かさも、あなたの営業における大切なツールのひとつなのです。

さらに、相手の話の途中で割って自分の話をせず、とにかく聴くことが大切です。

毎月の実績報告と併せて、ご利用者がどのようにサービス利用されたのかを簡単にまとめてケアマネジャーに提出することも効果的です。

(※ケアプラン⇒介護サービスを適切に利用できるように、介護サービスの種類や内容を定めた「介護サービスの計画」のこと)

(※ケアプランの短期目標⇒解決すべき課題(ニーズ)及び長期目標に段階的に対応するもの)

(※モニタリング⇒現状を観察して把握すること。要介護者等に対して必要な介護支援サービスが提供されているかどうか、状況の変化に応じた利用者のニーズが新たに発生していないかなどの情報を入手するために行なう)

(※居宅介護支援経過⇒介護支援専門員(ケアマネジャー)が専門職として残す記録で、介護支援専門員としてご利用者・ご家族、各種サービス担当者、関係機関との専門的な関わりを通じて把握した情報や判断したことなどを記載する)

6 6章のまとめ

介護職員研修をしていて感じるのは、目の前の物事に対して何の予備知識を持たずに、何の準備もすることなく、とにかくやってみるといった人が多いことです。私自身も含めて、多くの人はとにかくやってから考えるといった傾向があります。

これは、行動力があるとも言えますが、反面では計画性がないとも言えます。計画性がない分、継続することが苦手だったり、定期的な点検や見直しが苦手だったりします。今まで何とかなってきたような気になっているかもしれませんが、あなたの目の前の問題が解決されずに、同じことを繰り返しているのであれば、出たとこ勝負でやり過ごしてきたことを見直してみてください。

問題が発生し、早い段階でそれを解決するためのポイントは、次の2つです。

①問題を自分の問題としてとらえて考える

②目の前の問題がどうなることが解決なのかを明確にする

この2つが明確になっていないと、解決に向けての道筋が見えてきません。そうすると、解決するための計画が立てられず、解決に向けての前準備ができないのです。

そうなると、行き当たりばったりの出たとこ勝負となってしまい、失敗したとしてもどこを修正すればいいのかわからず、また同じことを繰り返してしまいます。同じことを繰り返すということは、同じ嫌な思いをしなければならないということです。

まず、問題を自分の問題としてとらえて、目の前の問題がどうなることが解決なのか、ゴールを明確にする、そして、あとは現在地からゴールを見て逆算していけばいいのです。

何度も言いますが、同じ失敗を繰り返すということは、あなたが同じ嫌な思いをしなければならないということです。今までと同じことをしていたのでは、結果は今までと同じです。

ぜひ、今までと違う選択をしてください。

7章

リーダーシップ

介護リーダーに
必要なリーダーシップが
わからない

1 リーダーは何でも知っていて、誰よりも技術が優れているという思い込み

事例

介護老人保健施設のショートステイでユニットリーダーをしているGさんは、いつも忙しく走り回っています。それを見かねたスタッフが、「Gさん、何か手伝いますよ」「自分の仕事は終わったので何かしますよ」と声をかけるのですが、「ありがとう」と言うだけで具体的な指示がありません。Gさんは完璧主義なところがあり、スタッフに任せた仕事でも後から自分でやり直すということをしているので、そのことを知っているスタッフは一度は声をかけますが二度目の声をかけることなく、いつもそのままとなっていました。

ある日の朝礼でのこと、施設長からGさんが過労でしばらく休むこととなったと告げられました。それを聞いたスタッフたちは、「Gさんの体調が心配だな、だから手伝うって言ったのに……」と口ぐちに言うのでした。

松下電器産業（現：パナソニック）の創業者の松下幸之助氏がリーダーに向けた有名な言葉に、「任せて任せず」という言葉があります。この言葉の意味するところは、仕事は部下

に任せたのであって、決して放り出したのではないということです。リーダーは部下に仕事を任せてはいるけれど、任せたということが常に頭にあり、そこで経過を観察したり、適切な助言や指示を出していくということです。実は、私自身も含めて、介護現場でこれができている人をあまり見たことがありません。介護リーダーは、目の前の仕事で手いっぱいになってしまっていて、任せたら任せっぱなしになってしまうか、スタッフにすべてを任せられずに後ろでウロウロするか、スタッフが行なうことに常に口を出してダメ出しをするか、スタッフが行なった成果がどんな出来であっても否定するかに当てはまるように思います。

1　任せたら任せっぱなしのリーダーの特徴

・目の前の自分の仕事で手いっぱいとなってしまう。
・自分が苦手な仕事をスタッフに押しつけ、きちんと任せていない。
・そもそも、スタッフに任せたことを忘れてしまっている。

2　スタッフの後ろでウロウロするリーダーの特徴

・任せたことが心配で、気になって仕方がない。そもそも、スタッフを信頼していない。
・スタッフがちゃんと自分に報告してくれるのか心配。
・任せた仕事がいつできるのか心配。

3　スタッフが行なうことに常に口を出してダメ出しをするリーダーの特徴

・自分でやらないと気がすまない。
・自分のやり方が一番正しいという思い込みがある。
・自分でやったほうが早いという思い込みがある。

4　スタッフが行なった成果が、どんなできであっても否定するリーダーの特徴

・自分が、一番優れているという思い込みがある。
・または、自分が一番、優れていると思われたいと思っている。
・本心では頼られたいとの思いが強い。

どうでしょうか？　心当たりのある方が多いのではないでしょうか。私自身、自分の苦手な仕事をスタッフにお願いして、その後はフォローもフィードバックもしないといったことをやっていたように思います。その頃は、押しつけている自覚もなく悪気もなかったのですが、今から思うと、「押しつけて放置」していたのだと思います。あなたも悪気なく無自覚なまま、スタッフに任せて放置していないかをチェックしてみてください。

仕事を任せた後は、「やってみてどうだった？」というフォローと、仕事のできを知らせるフィードバックが必要です。フィードバックとは、相手が行なったものや発言したことに対して、修正を目的として相手にコメントを返すことです。人は、自分が発信しているもの

が相手にどのように届いているのかわからないことがあります。それを外から戻してもらうことによって、「このように届いている」とか「このように感じた」と自分を知ることができます。自分の位置や状況がわかるからこそ、軌道修正ができます。

私たちのまわりには、フィードバックしてくれるものが結構あります。自分の状態を知らせてくれるもの、たとえば、体重計や体温計、鏡などもそうです。それによって今の自分の状態がわかると、私たちは行動修正ができます。体重計で3キロ増えていたら、食事制限をしたり運動してみたりします。鏡を見てシワが増えていたら、クリームを塗ったりパックしてみます。こうしたフィードバックを受けて行動を変えることができます。

このように、行動の修正を目的としているものがフィードバックです。フィードバックはカーナビと同じで、道に迷ったときに自分の現在地を知らせてくれるものです。現在地がわかるからこそ、軌道修正ができるのです。

【フィードバックを効果的に伝える2つの方法】

Ⅰ　YOUメッセージ（あなたが主語）

YOUメッセージは、相手がとっている行動や状態を、主語を「あなた」で伝えるメッセージです。「あなたは大きな声で挨拶しています」「あなたは、昨日も介護記録を書かずに帰りました」などです。感情的にならずに、客観的に事実だけを返します。YOUメッセージは、自分が無意識でやっていることに気づく機会となり得ますが、一方で主語を「あなた」にすると批判的な発言になりやすいので注意が必要です。

2　Iメッセージ（私が主語）

これは、「私」を主語にして伝えるメッセージです。「私は、あなたの声を聞くと元気になります」「私は、あなたに期待しているので、今回のことはガッカリしました」「私は、あなたが介護記録を1週間まとめて書いていることを不満に思っています。なぜなら、詳細な記録が作成されないと考えているからです」など、自分が感じたこと、思っていることを伝えることです。

そしてもっとも注意すべきことは、スタッフが行なった「行動」に対してフィードバックすることです。決して、人格を否定するようなことはしてはいけません。「あなたは仕事が遅い」「あなたは本当にダメね」「あなたは頭が悪い」。このように言われてしまうと、「あなた＝遅い」「あなた＝ダメ」「あなた＝頭が悪い」となってしまいます。どのような行動がダメな行動なのか、どのような行動が遅いのか、どのような行動や考えが足りないのかを、具体的に行動に対してフィードバックすることが大切です。

解決策

仕事を任せた後は、「やってみてどうだった？」というフォローと仕事の出来を知らせるフィードバックです。行動の修正を目的としているものがフィードバックです。

フィードバックするときには、「人格」ではなく「行動」に対して行なうことが大切です。

2 あのスタッフには言いやすいけれど、このスタッフには言いにくい

事例

デイケアサービスで管理者をしているOさんは、スタッフが何か失敗をすると、まるで自分の子どもを叱るかのように顔を赤くして大声で怒鳴るので、スタッフたちは用があるときしか近づかない存在になっています。同じフロアでリーダーをしているTさんは、スタッフたちからは慕われていて、優しい性格がご利用者からも人気です。Tさんのスタッフの中に毎日3分、5分遅刻してくる者がいるのですが、そのスタッフに、優しい性格のTさんは注意することができません。すると、今まで定刻に来ていたスタッフまで2、3分の遅刻をするようになりました。このことを、管理者であるOさんに相談すると、スタッフが怒鳴られるのは目に見えています。その上、遅刻を黙認してきた自分まで怒られると思うと、どうし

ていいのかわからなくなっています。

介護現場で、「叱り方」が下手なリーダーや管理者をよく見かけます。何か悪戯でもした子どもに対して怒っているかのように、「何回言ったらわかるの！」と感情的に怒鳴ってしまったり、「あなたのしたことは、こんなにダメでこんな迷惑をかけたのよ。そうそう、先週も……」とダラダラと言ってしまったり、「今回のことはダメだったね……」とリーダーが叱ることに消極的な態度だったり。そして、リーダーや管理者に「叱るときに気をつけていることは？」と聞くと、「人を叱ることは苦手なので……」と返ってきます。

ここでは、介護リーダーで苦手とする人が多い「叱る」ことについてお伝えしようと思います。ここでみなさんは、「叱る」と「怒る」は違うということをごぞんじでしょうか。

「怒る」と「叱る」の違いは、主に**「自分のために怒る。相手のために叱る」**と表現されます。「怒る」とは、相手がしたことに対して感情的になり、相手に「私は怒っている」とぶつけることです。「叱る」とは、相手が誰かに悪いことをしたり、自分の指示が通じていなかった場合に、相手を正しい方向に向けようと注意をしたり、アドバイスを相手に与える動作です。それは、本人が同じ間違いを繰り返さないように、相手のためにすることです。

感情的に「怒る」ことはいけないことだとわかっていても、業務が立て込んでいるときに同じ失敗をされてしまうとイライラしてしまいます。相手が同じ立場の人だったら「怒る」のもいいのかもしれませんが、リーダーとスタッフの関係で感情的に怒ってしまうとスタッフは萎縮してしまいます。

「怒る」ときには「何で、こんなことをしたんだ！」と、すでに起こってしまったことを指摘するものです。「怒る」とは過去にこだわることです。「叱る」は未来をよくしようとするものですから、「失敗をしたことはよくない。でも、同じ失敗を繰り返さないために何ができるかを考えよう。過去は変えられないのだから、それよりも、今できることに集中して未来を目指そう」というものです。

効果的に「叱る」ポイントは、その場で短く未来に向けて「叱る」ことです。何か失敗して1週間くらいたってから、「あなたが失敗したあのことだけど……」と叱っても、相手には伝わりません。そして、ダラダラと「○○さんがやってしまった失敗は、うちの施設に数万円の損失を与えることになるし、それに先週も同じようなことで失敗しているし、それを合算すると……」などと言われたら、どうでしょうか？　そんなリーダーを信頼なんてできません。

スタッフの中にも、叱りやすいタイプと叱りにくいタイプがあるかもしれません。指導したり叱っているうちに、いつの間にか厳しい口調で責めることになってしまったケースもあれば、指導しにくく叱りにくいスタッフとは、ふだんのコミュニケーションもあまり取れていないかもしれません。叱りやすいスタッフばかりを叱っていないか、振り返ってみてください。一人ひとりのスタッフに対する接し方の違いが、自分の叱り方の癖になっていないかを確認してみてください。

解決策

ここで、効果的な叱り方をご紹介します。「叱る」ことは現状を相手に伝え、そして未来の結果を変えるために、できることを考えていこうというものです。

①現状を相手に伝える（フィードバック）

前項でもお伝えしましたが、フィードバックとは、相手が行なったものや発言したことに対して、修正を目的として相手にコメントを返すことです。たとえば、「あなたは、毎日5分遅刻してきます」（YOUメッセージ）「私は、あなたが遅刻することを不満に思っています。なぜならチームケアが行なえない要因になるからです」（Iメッセージ）

②未来を変えるためにできること、何を改善するのか考える質問

質問①「次回（未来）のために今、何ができますか？」
質問②「今回の失敗から得られたものは何ですか？」
質問③「もし、あなたが相手の立場だったら　どのように対応しますか？」

質問④　「あなたが必要とされている理由は何だと思いますか？」

介護リーダー研修で、「この質問をスタッフと一緒に考えてみてください」とお伝えすると、「自分でも答えがわからないのに質問などできない」と言われる方がいますが、リーダーが答えを知っている必要はありません。スタッフが自分で考えて行動を修正していく過程でリーダーとスタッフがともに成長していくのです。スタッフと一緒に考えて、ともに成長を楽しんでください。

3 女性スタッフの取扱説明書がほしい

事例

今月からグループホームでリーダーに就任した30代のEさんは、女性スタッフにどう接していいのかわからなくなっています。ある日、20代の女性スタッフが帰宅する際に「気をつけて帰ってね」と声をかけたのが気に入らなかったのか、次の日から50代の女性スタッフ2人が、明らかに態度が悪く、リーダーであるEさんの言うことに返事もしない状態が続いています。困りはてたEさんが、ドライバーの男性スタッフに相談したところ、「Eさんと女性スタッフが付き合っていて、勤務シフトを組むときも贔屓している」と言っていると言うのです。もちろん、そんな事実はありません。50代の女性スタッフ２人を事務所に呼んで話し合っても話がかみ合わず、話し合いになりません。Eさんは、女性スタッフにどう接したらいいのか悩んでいます。

以前、男性だけで介護リーダー研修を行なったときに、「女性スタッフをどう指導していいかわからないんです」と話される方がいました。お一人がそのように言われると、他の男性リーダーも大きく頷かれて、「介護現場は女性が多いし、自分よりも年配のベテランヘルパーに太刀打ちできない」と嘆かれていました。よく男性脳と女性脳には違いがあり、感じ方や思考の仕方が違うと言われています。実際に男性と女性とでは感性に違いがあるのは明白ですが、女性は「察する」能力に長けていて、相手の声のトーンや表情のわずかな変化も見逃さず、また変化に強く順応する能力があると評されます。逆に、「察する」能力があるがために、些細なことを気にし過ぎ、男性に比べてストレス耐性が低いとも言われています。また、物事を客観的に見ることができず、自分が感じたことをそのまま口に出してしまうのも特徴かもしれません。

男性は、物事を客観的に捉えることができますが、相手の気持ちを察したり表情の変化などを感じ取ることは苦手で、環境の変化に順応しにくいと言われています。このような違いがコミュニケーションにどう影響するのかを考えていきたいと思います。

たとえば、女性スタッフが看護師やケアマネジャーとのミーティングで厳しい立場に立たされている場合、女性リーダーであれば、女性スタッフの辛い状況を察して、助け舟を出したり、ミーティングが終わってから「よく頑張ったね」「たいへんだったね」などと声をかけると思います。こうして声をかけてもらうだけで、女性スタッフは「わかってくれている」と安心してモチベーションにつながるのです。

ところが、男性リーダーの場合、女性スタッフから「助けてください」「私は困っています」との明確なアクションがない限り気づかないのです。男性にとって、察して声をかけるというのは至難の技です。辛い状況であることを「言ってくれないからわからないじゃないか！」と、逆に女性スタッフを責めてしまう男性リーダーまでいます。女性スタッフからすると、男性リーダーがわざと何もしてくれない、声をかけてくれていないと感じてしまうのです。

具体的に、女性スタッフに対してどのように接していけばいいのか、男女の感性の違いを元に考えていこうと思います。感性の違いには個人差がありますが、「男女間の感性の違い」を知っておくことは、女性スタッフの多い介護現場で非常に役立つと思います。

【プロセスをほめる】

女性は、結果だけを見てほめられることに、あまりうれしさを感じません。たとえば、新規ご利用者を獲得してきた女性スタッフに対して、「○○さんのおかげで新しいご利用者を獲得できたよ」と声をかけられてもうれしくありません。もちろん、声をかけないよりはマシですが、それよりも新規獲得できたプロセスを見てほめたほうが効果的なのです。

たとえば、「○○さんが毎日、業務が終わってから新しい営業先を探したり、パンフレットを作成していたおかげだね。頑張ったね。ありがとう」と言ったほうが、女性はうれしく感じてモチベーションが上がるのです。

【職場で流す女性の涙は汗と同じ】

女性スタッフが涙を流すと男性リーダーが戸惑い、アタフタしている場面に何度か出くわしたことがあります。女性スタッフが涙を流しているからといって、あわてて慰めたり、過度に優しくする必要はありません。

ましてや、「泣いたら許してもらえると思っているのか！」と怒るのは論外です。男性の涙と女性の涙では意味合がまるで違います。女性は涙を流すことで冷静さを保っているところがあります。

ですから、職場で流す涙にはさほど意味はありません。もちろん、悲しくて辛くて涙が出るのですが、男性ほどの意味はないということです。涙を流している女性スタッフにどう対応したらいいのかは、ふだん通りの接し方でいいのです。目の前の女性スタッフが急に泣き出しても、そっとしておいてください。涙を流すことでスッキリし、さっぱりとした表情で業務に臨むはずです。

【年齢に関係なく平等に接する】

若い女性スタッフだけ、下の名前で「○○ちゃん」と呼び、年配の女性スタッフには苗字で「○○さん」と呼ぶ。男性リーダーはまったく意識していないのでしょうが、これは年齢に関係なく女性は不公平感を抱きます。女性スタッフが不公平感を抱くと、「あの子だけ特別扱いしている」「同じことをしても、あの子だけ怒られない」「あの子だけ可愛がられている」と、あらぬことを言われかねません。女性スタッフは「不平等感」のニオイを嗅ぎ取ると、とたんにモチベーションを低下させたり、リーダーが何を言っても「どうせ私なんて……」と拗ねてしまい、コミュニケーションをとることが難しくなってしまいます。

【話を解決しようとしない】

女性スタッフ同士が仲が悪くてリーダーに相談に来たとします。「○○さんが私に意地悪をするんです。この間も私だけ無視したり、更衣室で着替えているときにわざと電気を消したりするんです」と訴えたとします。

この場合、男性リーダーがやりがちなのは、「○○さんに、なぜ無視するのか聞いたの？更衣室の電気を消した理由を聞いたの？　わざとだと何で思ったの？　うっかり消しただけじゃないの？」となってしまいがちなのですが、このように言われた女性スタッフは、リーダーは話を聞いてくれないと感じて鬱憤が増すことになります。リーダーは、どうにか解決しようと思っての行為でしょうが、女性スタッフは話を聞いてほしいのです。

ですから、「そうなんだ。○○さんに対してそんなふうに感じているんだね」だけでいいのです。男性は目的のために会話があると考える傾向がありますが、女性は会話が目的なのです。もちろん、時と場合によりますが、「あなたはそう思っているんだね」と共感的理解を示すだけでいいのです。

実際に男性と女性では、脳の機能に違いがあると言われています。女性の方が、男性よりも右脳と左脳の連絡がスムーズで、他者とのコミュニケーションの際には両方の脳をバランスよく使っています。そのため、右脳と左脳の情報伝達が得意な女性は、言葉からイメージを膨らませたり、感じたことをすぐに言語化することができます。一方、男性は女性に比べて、左右の脳の連結があまりよくないので、会話をするときに論理担当の左脳に偏った使い方になっていると言われています。

そのため、女性のように言葉に感情を乗せて、次から次へと繰り返すのはとても苦手です。

伝達能力の差が男女の“わかり合えない”を生んでいる

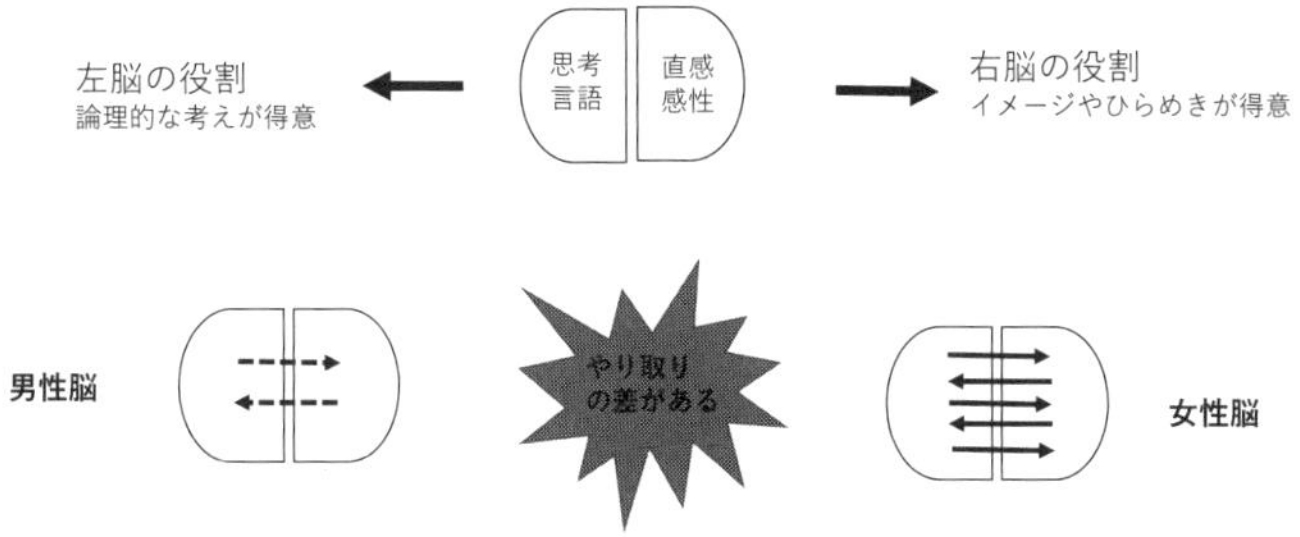

その代わり、左脳が得意とする論理的な会話の構築はとても得意です。男性が、女子の話を聞いていて、「ついていけないなぁ」と思う理由は、この違いにあります。どちらがよいということではなく、これが男女の感性の違いなのです。

男女の違いで気をつけるべきことに、女性特有の「拡大思考」があります。今現在のことも、過去や未来にまで広げて考えてしまうのが「拡大思考」です。

【女性スタッフから報告を受けるとき】

女性特有の拡大思考であるが故に、女性はプロセスから報告するのに対して、男性は結果だけを求める傾向があります。ですから、男性の場合、女性からの報告の途中で「…で、どうなったの？」、「結論から言って」、「つまり、こういうことだろう」となってしまいがちで、報告をしている女性スタッフは、「リーダーが話を聞いてくれない」となってしまいます。女性は、褒めるときと同様で、結果につながるプロセスが大事なのです。「なぜ、そういう結果になったのか」ということを説明したい気持ちがあるのです。ときには、最後まで話を聞いてあげる覚悟が必要なのです。また時間がないときには、「結果を教えてほしい」と先にリクエストしておくとスムーズです。

逆に、男性スタッフが女性リーダーに報告する場合も同様で、男性スタッフが女性リーダーに、「ご入居者さまの○○さんが昨夜、○○病院へご入院となりました」と、結果だけ報告したとします。その報告を聞いている女性リーダーは、拡大思考であるため、瞬時に「体調悪化の徴候はあったのか？」、「いつ頃から体調がすぐれなかったのか？」、「退院予定はわかっているのか？」、「関係各所への連絡は、どこまですんでいるのか？」と、「過去」「今」「未来」に思考が巡ってしまい、内心では、「私が聞かないと気づかないんだから！」とイライラしているかもしれません。男性は、「今」のことを処理してからしか「過去」「未来」のことに気がまわりません。違う言い方をすると、「今」に集中できるのは男性です。女性は、一度に「今」「過去」「未来」を処理できますが、逆の言い方をすると、一点集中ができていないとも言えます。

【女性スタッフを叱るとき】

男性リーダーが、女性スタッフを叱るときに注意すべきことは、女性の「拡大思考」です。

男性リーダーにしてみれば、今、発生したひとつのミスを叱っているつもりでも、相手の女性スタッフは、それを勝手に拡大思考にしてしまう傾向があります。男性リーダーが、「今のミスは君の不注意だよ。今後は気をつけなさい」と言うと、女性スタッフは、「リーダーは、昨日のミスのことも言っているんだ。また、同じ失敗をしちゃった。わたし全然できていない。きっと、リーダーからも信頼もされていないんだ。また、同じミスを繰り返すかも…。私ってダメなんだ…」と、勝手に拡大思考して、ネガティブなスパイラルにはまり込んでしまいます。

この場合、「今回のミスは君の不注意だよ。今後は気をつけなさい」の後に、「昨日は、うまく対応できていたじゃない。だから、今日もうまくいくよ。そうすれば、明日につながるよ」と、「過去・今・未来」をすべて含めて伝えます。そうすることで、女性スタッフは、今、目の前にあるミスへの反省と対応だけに集中できるようになります。単に、「過去のことは気にするな」と言われても、過去をネガティブに思い出してしまいがちなのが女性です。

逆に、女性リーダーが男性スタッフを叱る場合のポイントも、やはり女性の拡大思考があります。女性リーダーは、スタッフを叱るとき、常に「自分が拡大思考に陥っていないかどうか？」を考えることが重要になります。

もっとも避けるべき叱り方は、「昨日も同じミスをしていたじゃない。いつになったらちゃんとできるの？　こんなことじゃあ、いつかまた同じミスをするわよ」というパターンです。感情的になっているかどうかは、この際、あまり関係がありません。問題は、今現在のミスを叱っているのに、もうすんだ過去のミスを持ち出していること、そして今のミスを解決する前に未来を否定していることです。前はこうで、今はこんなことになっていて、これじゃあ、いつかこうなる。「過去・今・未来」を同時に指摘されても、男性のスタッフはお手上げ状態です。女性のリーダーが男性のスタッフを叱る場合は、話題にするのは、「今のことだけ」にしておくことがポイントです。

解決策

【プロセスをほめる】　結果だけではなくプロセスをほめる。

【職場で流す女性の涙は汗と同じ】　男性の涙と女性の涙では意味合が違います。女性が職場で流す涙にはさほど意味はありません。ふだん通りの接し方で、目の前の女性スタッフが急に泣き出しても、そっとしておいてください。

【年齢に関係なく平等に接する】　名前の呼び方など、細かなところも平等に接する。

【話を解決しようとしない】　男性は目的のために会話があると考えますが、女性は会話が目的です。「あなたはそう思っているんだね」と、共感的理解を示すだけでかまいません。

【女性スタッフから報告を受けるとき】

女性は、褒めるときと同様に、結果につながるプロセスが大事なのです。「なぜ、そういう結果になったのか」ということを説明したい気持ちがあります。ときには、最後まで話を聞いてあげる覚悟が必要です。反対に時間がないときには、「結果を教えてほしい」と先にリクエストしておくとスムーズです。

【女性スタッフを叱るとき】

男性リーダーが女性スタッフを叱るときに注意すべきことは、女性の「拡大思考」です。女性リーダーが男性のスタッフを叱る場合は、話題にするのは「今のことだけ」にしておくことがポイントです。

4 介護スタッフよりナースのほうが偉い!? ナースとの連携がとれない

事例

特別養護老人ホームで働くスタッフのHさんが、ユニットリーダーのWさんに相談があると事務所にやって来ました。ナースのAさんが、自分は医療職だからと言って威張っていると言うのです。話をくわしく聞くと、「先日の入浴介助の際に褥瘡の処置が必要なご利用者がいるのに、ナースのAさんがいないから館内を探し回って見つけたんです。そしたら、『医療的な処置が必要な場合は事前に呼びにきてよ！』と言うんですよ。こっちは忙しくてそんな時間なんてありませんよ！　前回の入浴のときから処置が必要だってわかっているんだから、自分から来るのが筋じゃないですか！」とHさんは怒っています。

困ったWさんは、スタッフのHさんとナースのAさんと3人で面談を行なったのですが、お互いに自分の言いたいこと言い合ってよけいに険悪になってしまいました。リーダーのWさんはどうしたらよいのでしょうか。

看護師や介護士の人柄や施設のカラーによって、介護士の意見が通る場合と看護師の意見が通る場合があるようですが、介護現場では介護と看護の連携は永遠のテーマのようになっています。この永遠のテーマに、リーダーとしてどう関わっていけばいいのでしょうか。

本来であれば、お互いの役割が違い、看護師は介護士ができない医療的なケアを行ない、ご利用者の状態の変化について介護士にアドバイスをしたり、医療機関と連携を図ったりすることが業務です。介護士は、日常生活のケアを中心に業務を行ないますが、その分業が明確になっていないのが現状です。介護士に対して不満を持っている場合でも、看護師に不満を持っている場合でも、お互いに言い分があり、お互いが自分は正しいと思っています。だから、不満が募るのです。

ここでリーダーが間違ってはいけないのは、どちらが正しくて、どちらが間違っているとジャッジをしてはならないことです。なぜなら、お互いが「自分が正しい」と思っていて、本人たちにとっては「自分が正しい」のです。そして、実際にお互いが自分の立場からすると正しいからです。もちろん、ご利用者に不利益となるような場合は、リーダーとしてジャッジをする必要があります。

ところが、事例のようなコミュニケーション不足が原因で起こる問題に対して、リーダーがジャッジしてしまうとよけいに問題が複雑になってしまいます。

リーダーがすべきなのは、最終的にどのようになることを望んでいるのかをスタッフから引き出すことです。リーダーが、スタッフと話をする時間として確保されているのが面談です。問題があるなしに関係なく、リーダーとしてチームで働いていると、面談する場面が発生します。評価面談、目標設定面談、問題解決面談、キャリアアップやキャリアチェンジやキャリアプラン面談などで、必ず、ここに会話が生まれてきます。そこでの会話でリーダーシップを発揮するのもひとつだと思いますが、実は有効な会話には流れというものがあります。

この流れに沿って会話をすると、短い時間でとても密度の濃い有効な会話ができるように

【①目的・目標を明確にする質問】 ・どういう状態を手に入れたいのですか？ ・もし、その人との関係が改善されたら何がどう変わりますか？ ・あなたが相手の立場だったらどう思うでしょうか？ ・その人とのコミュニケーションの目的は何ですか？	【質問の答え】
【②現状を明確にする質問】 ・現状はどうなっていますか？ ・今、うまくいっていることは何ですか？ ・あなたが仕事をする上で一番大切にしていることは何ですか？	
【③ギャップを明確にする質問】 ・これまで、それについて何をしてきましたか？ ・行き詰まったとき、次に考えることは何ですか？ ・理想の状態が10点だとして、今の状態は何点ですか？	
【④すでに持っている経験や方法についての質問】 ・あなたの強みをどのように使えそうですか？ ・決断するのに、どんな情報が必要ですか？ ・これまでの経験や方法で使えそうなものは何ですか？	
【⑤行動計画を明確にする質問】 ・それぞれのメリットとデメリットは何ですか？ ・目の前の問題を自分で解決できたら、どう変われそうですか？ ・今、決断することは何ですか？	

なります。

【①目的・目標を明確にする質問】

・どういう状態を手に入れたいのですか？
・もし、その人との関係が改善されたら何がどう変わりますか？
・あなたが相手の立場だったらどう思うでしょうか？
・その人とのコミュニケーションの目的は何ですか？

【②現状を明確にする質問】

・現状はどうなっていますか？
・今、うまくいっていることは何ですか？
・あなたが仕事をする上で一番大切にしていることは何ですか？

【③ギャップを明確にする質問】

・これまで、それについて何をしてきまし

たか？

・行き詰まったとき、次に考えることは何ですか？
・理想の状態が10点だとして、今の状態は何点ですか？

【④すでに持っている経験や方法についての質問】

・あなたの強みをどのように使えそうですか？
・決断するのに、どんな情報が必要ですか？
・これまでの経験や方法で使えそうなものは何ですか？

【⑤行動計画を明確にする質問】

・それぞれのメリットとデメリットは何ですか？
・目の前の問題を自分で解決できたら、どう変われそうですか？
・今、決断することは何ですか？

解決策

①～⑤の質問を順番に聞いていってもいいですが、質問する側もされる側も慣れていないと答えるまでに時間がかかりギクシャクしてしまう場合もあるので、私は面談する数日前にこの質問が書かれた用紙をスタッフに渡して、事前に考えてもらってから面談に臨んでいました。

そうしたほうが、スタッフもその場で考えるよりも深く考えてくれるので、有益な面談となるケースが多かったように思います。

1回の面談で答えが出なかった人でも、面談が終わったときに気持ちが軽くなっていれば、それは有効な面談なのではないかと思います。面談はその場で完了するものではなく、いわばコミュニケーションのスタートです。

そして、リーダーが面談に向けてどんなによく計画し、準備し、真剣にスタッフの話に耳を傾けたとしても、ふだんまったくコミュニケーションのないリーダーに、スタッフがいきなり本音を話すとは考えにくいものです。やはり、ふだんからのコミュニケーション、信頼関係と面談の質は比例します。ぜひ、日頃から意識してスタッフとの関係づくりに取り組んでください。

5 スタッフに伝達研修をしてもまったく憶えてくれない

事例

訪問介護事業所で主任を務めるMさんは、介護保険制度改正セミナーで受講してきた内容をまとめて資料をつくり、忘れないうちにスタッフを集めて伝達研修をしましたが、スタッフは「わからないときには主任に聞きますから、そのときに教えてください」「難しいことは、私わからないので……」と、はじめから理解するつもりがあるのかなと思ってしまうような反応でした。スタッフに効果的に、憶えてもらうためにはどうしたらいいのでしょうか。

介護保険制度の改正などがあると、いろいろなところで研修やセミナーが開催されますが、多くの事業所や施設では介護リーダーがセミナーを受講して、そこで知り得た新しい情報をスタッフに伝達しているのではないでしょうか。

この従来の方法では、実は一番その内容を憶えるのは、スタッフに教えた介護リーダーなのです。3章でもお伝えしましたが、人によって効果的な学習方法があります。私の経験では、介護スタッフは自分が体験して、初めて学習する人が多いのが特徴です。

そうすると、介護リーダーが学んできたことをスタッフに伝達研修するスタイルは、スタッフからすると苦手なはずです。まして、業務が終わってからの時間ならなおさら、「早く帰りたいのに……」「早く終わらないかな……」と、上の空になります。時間がない中で、憶えてほしいスタッフに効果的に伝えるには、どうしたらいいのでしょうか。

人は、教えたときに二度学ぶと言われます。人に何かを教えたときに、実は一番学んでいるのは教えている本人なのです。人に何かを教えないといけないと思ったときに、人はインプットが加速します。教えるという前提があると、教えるためにインプットを一所懸命にします。介護保険制度改正セミナーを介護リーダーが受けるときには、「帰って伝えないといけない」と必死にメモを取ったり、質問をしているのではないでしょうか。

そうすると、スタッフに何かを学んでほしいと思ったら、その人に講師をしてもらうのが一番早いのです。事業所や施設の規則で、どうしても介護リーダーがセミナーを受講しなければならない場合であっても、学んできた内容を、そのスタッフにまず伝えて、そしてそのスタッフが他のスタッフに伝達するという方法をとればいいのです。

今までは、リーダーが自分の持っている経験や知識を未熟な人に教えていくという形をとっていたと思うのですが、教えるという役割を与えるリーダーシップもあると思います。

アウトプットするとき、私たちは言葉を使います。人の記憶は、言語でインプットしているはずです。言語でインプットして、言語で記憶して、言語でアウトプットする。私たちが記憶しているデータを自分の言葉でアウトプットします。そうすると、説明能力、表現能力、語彙が増えていきます。言葉の選択、言葉の種類が多いと想像力や記憶力がよくなります。

私は、想像力がある人は思いやりのある人だと思っています。思いやるということは、自分がその立場だったらどうだろうかと想像力を働かせて考え感じることです。言葉や行動が穏やかで優しければ思いやりがあるというわけではありません。

私は、「思いやり」とは「想像力を持っていること」だと思うのです。相手の置かれている状況や感じている気持ちを想像し、それを感じ取って自分の言動に移すこと、それができれば、思いやりのある言動ができるのではないかと思います。「こうしたら、相手がこんな想いをするだろうな」「次は、こうしてほしいんじゃないのかな?」と思えるのは想像力です。先を見越した想像力は、介護職にとっては必要な能力のひとつです。そういう意味でも、相手に教える、アウトプットする行為は大切なのです。

解決策

学んでほしいスタッフに、まずあなたが伝えて、そしてそのスタッフに他のスタッフに伝達研修をしてもらうと、教えたスタッフが一番学ぶことになります。そうすると、そのスタッフの言葉の選択、言葉の種類が多くなり、想像力や記憶力がよくなります。想像力がある人は思いやりのある人だとも言えます。思いやるということは、自分がその立場だったらどうだろうかと想像力を働かせて考え感じるということです。

「思いやり」とは「想像力を持っていること」です。

6　7章のまとめ

私は介護リーダー研修で、リーダーシップとは「リーダーがいるとチームが元気になるね」とか、「リーダーがいるとチームのメンバーがよく話し合うようになるね」とか、「リーダーが関わると1人ひとりがすごく成長するね」という、チームの力を最大化する影響力のことだとお伝えしています。そして、リーダーには誰でもなれるし、リーダーになれない人はいないと私は考えています。

これは、部下や後輩がいなくても、1人でも自分のリーダーは自分自身だということです。自分をリードしていくのは自分自身です。最後の最後には、自分が自分のことを決めているわけです。「△△さんがこうしなさいと言ったから、やりました」「マニュアルにこう書いてあったので、そのまま言いました」と言っても、最終的には自分でやると決めてやったわけです。そこからは決して逃げられません。つまり、リーダーシップは、簡単に言うと1人の中でも存在はしているのです。自分のリーダーは自分自身なのです。役職やポジションがあるからリーダーシップが発揮されるのではありません。自分に自分へのリーダーシップを発揮する。受け身ではなく、自ら主体的に働きかけて、影響を受けるのを待つのではなく、自ら影響を与えることがリーダーシップと言えるでしょう。

本書を読まれているみなさんには、介護リーダーという仕事を通じて、ぜひ自らの人生にもリーダーシップを発揮していただきたいと思います。

エピローグ

当たり前と思っていることは当たり前ではない　〜きっかけとなった東日本大震災〜

「不安です」――この言葉は、介護現場でよく耳にします。あなたも介護リーダーに抜擢されたときに感じた思いではないでしょうか。私も介護業界に転職したときには、「この書類のどこに記入したらいいのだろう？」「特養への入所申し込みはどうしたらいいんだろう？」と、わからないことだらけで「不安」しかありませんでした。

誰もが、初めてのことにチャレンジするときに感じる「不安」なのですが、実は言っている人は、「自分だけが不安なのだ」と思い込んでいる場合がほとんどです。自分だけが不安で特別にできないんだと勝手に思っているのです。この特別というのも曲者で、何かというと「うちの業界は特別で……」「うちの会社は他と違って特殊なので……」――この言葉もよく介護業界で聞かれる話です。

新しいことにチャレンジするとき、私たちは「自信がない」という不安を抱きます。それをなんとか克服しようと、すでに経験している人から情報収集してみたり、「もっと自信を持たなければ」と自分自身を無理やり鼓舞しようとしても、なかなか自信が持てるようにはなりません。自信のない様子を見たまわりの人から、「大丈夫だよ。もっと自信を持って」と叱咤激励されたり、「最初はみんなそういうものだよ」と慰められて、多少は気休めになったとしても、不安なものは不安なのです。

自信とは、辞書では「自分で自分の能力や価値などを信じること」「自分の考え方や行動が正しいと信じて疑わないこと」と書いてあります。この「自分を信じること」ができたらすばらしいのですが、これがなかなかできません。

私は長年、コーチングやNLPや心理学を学んできました。その中で「自分を信じる」ということをテーマに、「自分に自信を持つ」をゴール設定し、現状を把握して、ギャップを明確にして……とコーチングセッションを実践したり、過去の成功体験を思い出して自信のある感覚を身につけようとしました。今まで、さまざまなスキルやテクニックを使って「自信を持つ」ということをしてきましたが、実は今でも、「自信がある」と言い切れないのが本当のところです。正確には、自信が持てるときと持てないときがあるといった感じでしょうか。初めてのことにチャレンジするときには、今でも大なり小なり不安になります。

ほんの数年前に気づいたことですが、私は幼い頃に身につけた、「大きくなったらこうしよう」「大人になったらできるようになる」「もう少しできるようになってからにしよう」と考えるクセが、大人になった今でもあること。そして、この思考グセが新しいことにチャレンジすることを先延ばしする理由にしていたことに気がついたのです。この思考グセに気づくきっかけとなったのが東日本大震災でした。

私の自宅は大阪なのですが、あの日のあの時間は東京でコーチング研修の講師を務めていました。東京は震度5強でビルがしなるように揺れて、初めは何が起こったのかがわからず、他のフロアの人たちは揺れが収まると何事もなかったように仕事を再開する人もいましたが、阪神大震災を経験している私はこんな大きな揺れだったら、自宅が崩壊している人もいるかもしれないからと、研修に参加してくだった方に担当している独居のご利用者へ連絡したほうがいいと、みんなで連絡したことを憶えています。

数週間、東京での研修予定がすべてキャンセルとなった私は、ケアマネジャーとして宮城県で被災された高齢者に対して※**アセスメント**をするボランティアに参加することになりました。気仙沼市、南三陸町、女川町、東松島市、石巻市の避難所で高齢者の方々へ声をかけていくのです。

実際に、避難所では津波に流されて3日後に自衛隊に助けられた方。※**尿道カテーテル**を自己導尿されている方が何も持たずに避難して、その日の夕方に娘さんが全壊になった自宅にカテーテルを探しに戻って汚水に浮かんでいたカテーテルを水洗いして簡単な消毒で何回も使い回ししている方。「自分が着替えるのを1回我慢したら、この1枚を他の人が使える」と言われ、リハビリパンツやオムツを着替えるのを極限まで我慢して使われる方。床生活の避難所で、トイレに行くのも誰かに手を貸してもらって立ち上がらないと行けないからとトイレを我慢する方。入れ歯が流されて噛めない方。補聴器が流されて話すと迷惑をかけてしまうと、人との交流を避けている方。津波が来たときに何かにつかまって力を入れすぎたために手の痺れが取れず、お箸が持てなくなった方。お孫さんと手をつないでいたけれど流されてしまって自分だけが生き残ってしまったと、生きていることに罪悪感で苛まれる方。亡くなった奥さんが夢に出てこないことから、「自分は冷たい人間なんだ」と自分を責める方。避難所では津波で流されて、お身内のご遺体が見つかっていないケースが多く、ご遺体が見つかって「ありがとう」という状況でした。

このとき私は、朝「行ってきます」と出かけたままご家族が帰ってこないという現実を目の当たりにして、明日があると当たり前のように思っていたのは間違いだと気づいたのです。そして、不安や自信がないことを理由に先延ばしにしている場合ではないと思ったのです。

「介護」は、キレイごとではないし、終わりも見えません。高齢者の場合、身体的にみるみる改善されるといったこともないのかもしれません。介護が終わったときには、どんなによくされても、ご家族には「もっとよくしてあげればよかった」と、後悔が残るかもしれませんが、介護という大切な時間を使って、いかにこの後悔の量を減らせるのか、ご利用者とご家族が納得されるものに近づけるのか、は私たち介護職にかかっています。そのことを忘れないでください。介護は意義ある仕事です。その意義ある仕事は自分たちでどんな色にも染められるのです。

本書を読まれた介護リーダーには、スタッフとともに明るい色をつけていただきたいと願っています。そのために、小さなチャレンジをやめずに目の前のことを淡々と着実に実現していってください。

（※アセスメント⇒ご利用者のニーズや課題分析をするために、何を求めて何が必要なのかを正しく知るために行なわれる評価・査定のこと）

（※尿道カテーテル自己導尿⇒自分で尿道から膀胱内にカテーテルを挿入し、尿を体外に排泄する方法）

おわりに

最後までお読みいただき、ありがとうございました。

本書を出版させていただいてから、本書をベースとした「介護リーダー養成研修」を全国各地で開催させていただいて、介護現場のみなさまにご好評をいただいています。研修修了後には、「スタッフを変えようとするのではなく、まずは自分からってことなのですね。明日から、がんばってみます！」と、笑顔で言っていただけます。そう言っていただけると、研修内容をよくご理解いただけているとホッとするし、私の励みにもなっています。ありがとうございます。

本書でも触れていますが、介護現場で働いていた当時の私は、「あのスタッフができないのが悪い！」、「会社は、介護現場のことを全然わかっていない！」、「この上司が、スタッフのことを考えていないのがダメなんだ！」と、ことがうまくいかないことを、他責にばかりしていました。そうなると当然のように、「私は悪くない！　あの人が悪いんだ！」と、自分を変えようとせずに、悪いあの人が変わればいいと頑なに思っていました。ですから、「できないあの人が変わればいい！」という思いは、痛いほどわかります。ですが、リーダーのみなさんが、何の関与もせずに職場の困ったスタッフが勝手にみるみる改善されていくなんて魔法のようなことは、絶対にありません。リーダーが悪いから変わりましょうと言っているわけではなく、困ったスタッフへの関わり方、コミュニケーションの方法を変えましょう、といつも研修でお伝えしています。

変わる＝進化・成長とお考えください。人は、予測できないことには臆病になり、少なからず怖れを感じて抵抗します。でも、未来を予測できないことを怖がるのではなく、今起きていることを受け止められないことこそ、怖れるべきことではないでしょうか。目の前にどんなことが起きたとしても、それを自分がどう受け止めて、どのように学びにしていけるのか、それは自分でいかようにも変えられます。

本書があなたの進化・成長の一役を担うことを願っています。

最後になりましたが、この本をお読みいただいたあなたが、介護リーダーの仕事を通じて幸せになり、あなたのスタッフとともに、笑顔で成長し続けることを心より願っています。

お問い合わせ先

本書でご紹介している「介護現場あるある解決メソッド」、「介護リーダー養成講座」、また、人材育成や組織改革に関する講演、セミナー、研修などにつきましては、弊社までお問い合わせください。

◆お問い合わせ・ご依頼窓口　info@kaigocoach.com

◆コミュニケーションオフィス3SunCreate ホームページ　https://kaigocoach.com/

HPは介護現場あるあるを解決するノウハウが満載のメルマガが登録できます。

◆Facebookページ 介護コーチング コミュニケーションオフィイス3suncreate サンクリエイト　https://www.facebook.com/kaigocoach/

２０２０年６月

三田村薫

【参考文献】

『実務入門　ＮＬＰの基本がわかる本』（日本能率協会マネジメントセンター・山崎啓支著）

『実務入門　ＮＬＰの実践手法がわかる本』（日本能率協会マネジメントセンター・山崎啓支著）

『鏡の法則　人生のどんな問題も解決する魔法のルール』（総合法令・野口嘉則著）

『ザ・コーチ　最高の自分に出会える「目標の達人ノート」』（プレジデント社・谷口貴彦著）

著者略歴

三田村薫（みたむら　かおる）

1973年生まれ、大阪市出身。2003年に介護支援専門員の資格を取得し介護業界へ転職。介護現場では対応が難しいと言われるケースを多数担当。この経験から、ご利用者とのコミュニケーションを図ること以上に介護スタッフ間のコミュニケーションの大切さを痛感する。コーチングを通じてコミュニケーションの大切さを伝えるべく、コーチング研修開始（社内外で年間のべ200回の企業研修実績）。コーチング研修講師を経て、「コーチングで日本中の介護に関わる方々の充実・充足を図る」を掲げ、2013年コミュニケーションオフィス3SunCreateを設立。豊富な実践を交えた参加型研修が特徴の介護・医療職専門コーチとして活躍中。現在、コーチングやNLP（神経言語プログラミング）、心理学をベースとした介護リーダー養成講座を全国各地で行い多くの介護職に影響を与えている。

◆お問い合わせ、ご依頼窓口　info@kaigocoach.com

◆コミュニケーションオフィス3SunCreateホームページ　https://kaigocoach.com

ホームページでは介護現場あるあるを解決するノウハウが満載のメルマガが登録できます。

最新版　介護リーダーが困ったとき読む本

2020年8月4日　初版発行

著　者 ―― 三田村薫

発行者 ―― 中島治久

発行所 ―― 同文舘出版株式会社

東京都千代田区神田神保町1-41　〒101-0051
電話　営業03（3294）1801　編集03（3294）1802
振替00100-8-42935
http://www.dobunkan.co.jp/

ISBN978-4-495-53092-1

印刷／製本：三美印刷

Printed in Japan 2020